U0858444

妇产科男医生告诉你

让你含着眼泪微笑的酸甜孕事

知乎人最信赖的妇产科医生
田吉顺 著

江西科学技术出版社

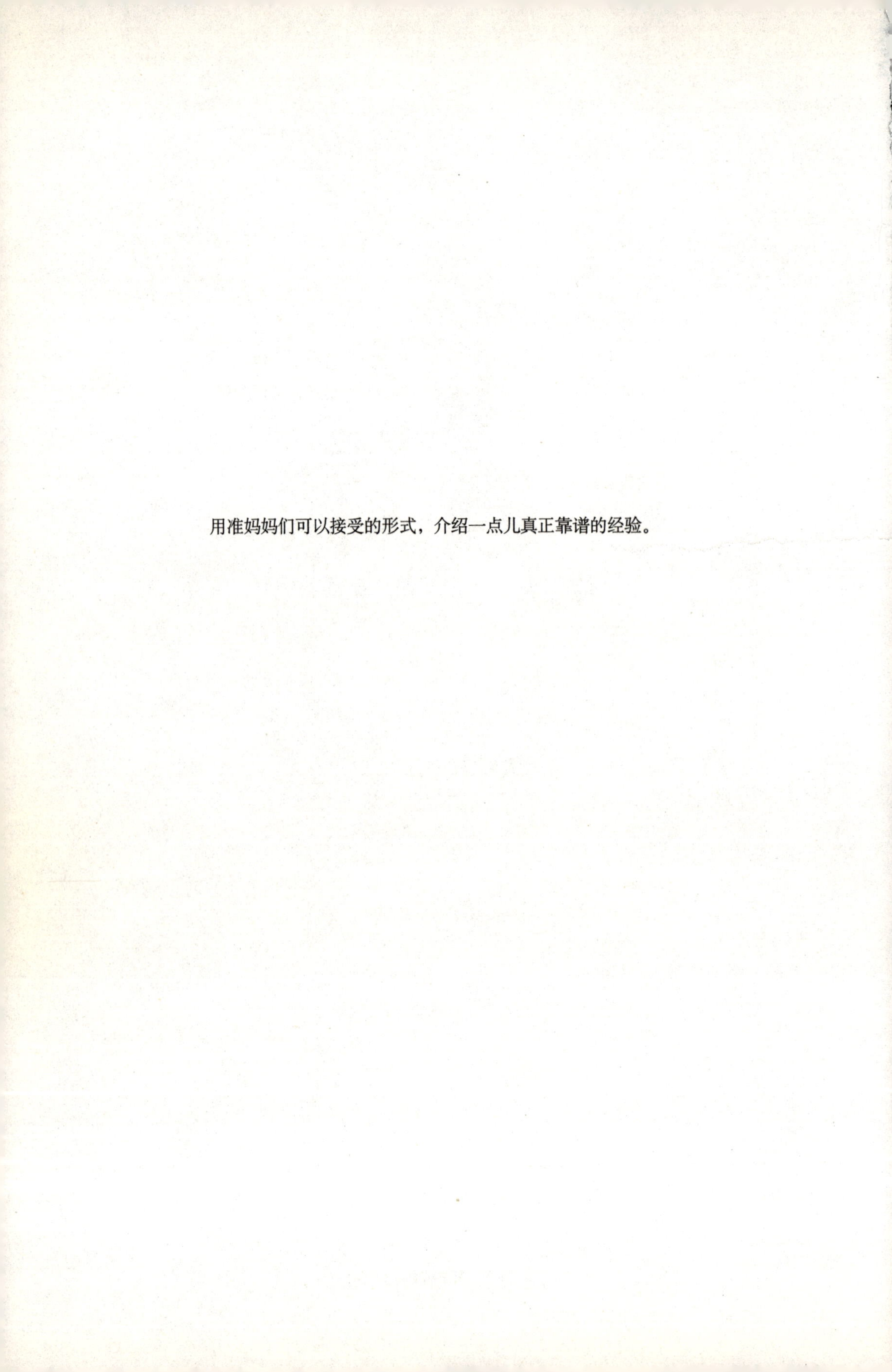

用准妈妈们可以接受的形式，介绍一点儿真正靠谱的经验。

Contents目录

在妇产科，那些有趣的事儿

“金眼科，银外科，累死累活妇产科，腻腻歪歪大内科，死都不去急诊科。”这是医学生们选科时的指导口诀。妇产科的累是名声在外的，尤其是产科，一个患者关乎两条生命，背后更是一大家子人的悲欢。所以，在产房门口，永远有那么多人，即使是大年夜，其他科室的病房基本上都空空荡荡的了，但产房门口照样灯火通明，甚至比急诊室还要热闹。就是这么一个一年 365 天保持相同的繁忙节奏的科室，怎么会少了新鲜事儿呢！

曾经有个实习医生，在跟完一台前置胎盘大出血的手术之后感叹：“实在是太刺激了！从没见过这样出血的，就像有人拿着脸盆从里面往外泼一样，哗——哗——一盆接一盆地泼。我当时就想，什么人的血能经得起这么个出法？关键是最后竟然还给救回来了，太不可思议了！”

有次下夜班回到家里，冲了个澡就倒头睡了，一直睡到天快黑了才醒。一睁眼就看见老婆拎着我换下来的内裤问：“你这内裤上怎么还有血啊？难道痔疮长到前边了？”我当时还有点儿迷糊，使劲儿回忆了一下说：“如果我说这是昨天晚上那个前置胎盘手术患者的血，你信吗？反正我是信了。”

当然，作为一个妇产科医生，我还“有幸”品尝过一些非常稀有的味道。有一次在指导一个宫口开全的产妇用腹压时，一阵强烈的宫缩到来，产妇一下子找到了感觉，猛然发力，羊膜腔受到巨大的压力冲击，胎膜突然破裂，一股羊水就像喷泉一样喷了出来。虽然相隔距离不近，但我还是感到有水喷到了我的嘴里——在离开子宫三十多年之后，我竟然又尝了一回羊水的味道：咸的！

好像有点儿太血腥太重口了。可是，如果没有了血迹，那还叫妇产科吗？

妇产科是女医生比较多的科室，也是女汉子比较集中的地方，至少以产科女医生们的霸气程度，如果到了水泊

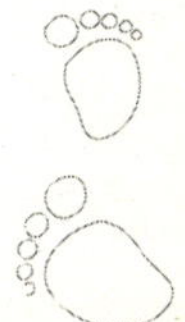

梁山，肯定能找到属于自己的一把交椅。不过，女人毕竟是女人，就算是女汉子也少不了女人的一些特质，比方说八卦。

可以说，妇产科同事间的相互关怀，其细致入微的程度，是其他科室难以比拟的。

“听说检测卵泡排卵了？昨天晚上一定很辛苦吧！你看看，眼袋都出来了。”

“上次你说你老婆月经又来了，这么算起来这两天到排卵期了吧，留点儿劲儿回家使去吧，手术我去替你做了！”

这种同志般的革命友情，这种体贴入微的问候，其他科室就算想表达，也了解不到这么深入不是！

这还不算完，女医生也要生孩子啊，所以谁谁帮某某压过肚子，谁谁给某某开的刀，这种感情，可不是一般闺密能比得了的。当然了，还有一种情况，就是妇产科男医生的老婆生孩子。可别以为关系越近做什么事就越方便，生孩子这事儿，可不是简简单单看个小病，方方面面需要顾及的太多了，关系越近，想得越多，压力越大。我曾经给大学同学的老婆拉过产钳，那可不单单是一个产钳操作的压力，真要是大人孩子有个什么损伤，以后同学会我都没脸参加了。这还不是自己的老婆，接生的还不是自己的孩子。

我老婆的剖宫产我是上台的，不过怎么也没有勇气做主刀，所以就只是做了助手。本来开刀的每个步骤，应该像条件反射一样很顺手就做下来了，就好像你骑自行车，根本不用时刻提醒自己下一步该怎么控制车把，该怎么蹬脚踏板，脑子里不用刻意去想这件事，自然而然地就在一步步做了。但是，就是在这台手术时，我发现脑袋好像被放空了，忘了自己该干什么，必须时刻提醒自己下一个步骤要怎么做，再下一个步骤要怎么做。宝宝出来之后，我竟然忘了下一步要干什么，就下意识地拿起血管钳去夹脐带了，而不是做一个助手应该做的——处理子宫。

现在回想起来，当时真的是糗到家了！

妇产科的工作是累并快乐着的，但是，也有让我们医生无语的时候。比方说，医生有一个最害怕的人群，就是“她们”。“她们”这个人群，可能是七大姑八大姨，可能是网友、闺密，甚至可能是商场售货员，反正就不是专

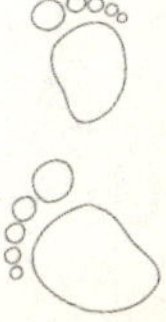

业的医生。

“医生，‘她们’说七活八不活，我们宝宝刚刚八个月，可千万不能生出来啊！”

“医生，‘她们’说我的宝宝头太大了，肯定生不出来啊！”

“医生，‘她们’说打了麻药人会变笨，记忆力会下降啊！”

我感觉“她们”这群人，就像神秘的黑衣人，躲在一个隐蔽的角落，不断地向准妈妈们散布着一些不靠谱的说法；而且还一定是使用了什么魔法，使准妈妈们对这些说法深信不疑，甚至连专业医生的劝告都听不进去。我曾经和约稿的编辑说起这事儿，编辑笑着说：“看来你对准妈妈们的想法还是不够了解啊！其实准妈妈们也没有什么很高的要求，就是喜欢看点儿别人的故事，了解一点儿别人的经历，想从中吸取点儿对自己有帮助的经验。你们医生平时说话太专业了，理解起来太费脑子，可能琢磨了半天还不一定能听懂到底在说些什么，还是‘她们’的话更容易接受一些。不过，与其让准妈妈们听别人以讹传讹，不如你们专业医生来试着做一下‘她们’这个角色，用准妈妈们可以接受的方式，介绍一点儿真正靠谱的经验。”

好！各位亲，现在我就是“她们”！

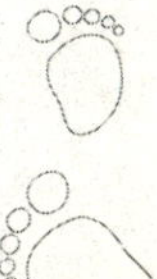

第一章
做好当妈的准备

我们常说，“罗马不是一天建成的”，这怀孕生孩子也是一样，不是说你找个男人结了婚，自然而然地就生出孩子来了。哪有那么多“自然而然”啊！生孩子可不是过家家，不做好充分的生理上和心理上的准备，这个“妈”可不是那么好当的。所以，本书的第一章不讲怀孕也不讲分娩，而是讲如何把当妈的准备工作做好。

— 01 —

月经对怀孕很重要

子宫和卵巢，是上天赐给人类的礼物，是来帮助人类繁衍生息的。而女性，正是这一伟大礼物的承载者，凭借这两样礼物，女性有幸体验作为母亲的幸福与伟大。不过，要想怀孕，仅仅拥有这两样礼物是远远不够的，我们还需要知道它们是不是真的可以胜任这项伟大的使命。月经，就在为你传递着它们的信息。

从一条流传很广的段子说起

话说街头混混械斗，一哥们儿被开瓢了，被迫撤离战场。虽然满脸是血，但还是血性十足，扬言还要继续下一场。旁边一好心的小姐妹见状，灵光一闪，从包中掏出一片卫生巾，一把按在这哥们儿头上的伤口处，赶紧往医院送。到了医院，那哥们儿已经脸色发青、嘴唇发紫，医生对这小姐妹说，你要是再换一片，这哥们儿命就没啦！

这其实是一条网络流传甚广的段子，我猜想编这条段子的人，八成是给卫生巾厂商做策划的，在他脑子里，就是把卫生巾当成无敌吸血棉了。下面我们来看一看，一片卫生巾到底能“吸”多少血。

正常女性，每个周期的月经量为 20 ～ 60 毫升，超过 80 毫升就是月经过多了。这个量是什么概念呢？一盒绿盒王老吉是 250 毫升，一瓶养乐多是 100 毫升，一次月经的量，大约也就是 1/5 盒王老吉或者半瓶养乐多的量。这还是一个周期的量，一般还要分摊到 3 ～ 7 天里。女同胞们回想一下自己一个周期要用多少片卫生巾，再把这半瓶养乐多的月经量分摊到这么多片卫生巾上面，你看看一片卫生巾能“吸”多少血？千万别被那些卫生巾广告迷惑，一瓶蓝色的水倒在卫生巾上，顷刻间消失——竟然全部被卫生巾吸光了！可要看清楚啊，她拿的那是试管啊，这么一试管水也就 10 毫升吧，不能再多啦，再多肯定要侧漏。所以说，一片卫生巾的“吸”血量其实很小，一般临床估计出血量，一片卫生巾全部湿透也就 10 ～ 20 毫升。

那哥们儿就用了一片卫生巾，都没换第二片，最多也就出了 20 毫升血，不到人体总血容量的 1%，不会对身体造成什么影响。他的脸色发青、嘴唇发紫，我看八成是晕血了吧！

看到这儿，可能马上会有女同胞不高兴了：你是个男医生，在这白话月经的事儿有点儿站着说话不腰疼，你知道女人来月经的时候有多痛苦吗？这么痛苦的经期，怎么能说是“不会对身体造成什么影响”呢？没错，很多女性在月经期会有各种的不舒服，更有人是痛得死去活来，发誓下辈子再也不做女人了。但是，经期的痛苦不是流出来的那一点儿经血造成的，那一点儿出血量真的不会对身体产生什么影响；造成经期痛苦的，是月经来潮这件事儿本身。作为男性，虽然没有体会过月经的感觉，但是，作为一名妇产科医生，对月经的了解却是工作的基本功。所以，就像每个人每天都吃饭喝水，但也不见得对自己的消化系统有足够的了解一样。各位女同胞也请听一听一个男妇科医生为您讲述月经的那些事儿。

爱恨交加的“老朋友”

很多女性把月经称为“老朋友”，它每个月都会按时来探望一下你，虽然它来的那几天，你可能会感到各种的不舒服，但是如果它真的到该来的时间却还不来，你就要挂念它一下了；要是拖得时间再长一点儿，你恐怕就要担心起来了。对这个“老朋友”，它来的时候你对它可能是老大的不喜欢，巴不得它赶紧走；但是它要真的早走两天，你又会觉得心里不踏实，想再挽留一下。虽然知道它的到来会给你带来种种不快，但是临近要来的那几天，你又有着些许的期盼，期盼它如约而至。因为它的到来，似乎从某种程度上是你身体健康的一个证明——以一种痛苦的感受来证明自己的健康，这从生物学上反映出女性是一种如此让人难以捉摸的复杂的矛盾体。由此推广开来，就可以帮助男同胞们理解那些话了，比如，当她说“讨厌”时，其实心里可能是喜欢的；当她说“你走吧”时，其实心里可能是等你的安慰；当她说“太贵了”时，其实心里可能是非常喜欢想要买下来——这些也就都不难理解了。

我们再来说月经。作为令人爱恨交加的“老朋友”，它是女性所独有的生理现象。但是，我从平时的临床工作中可以感受到，很多女性对于这个“老朋友”的了解远远不够，月经，成了女性“最熟悉的陌生人”。因为这位“老朋友”和女性孕产关系密切，所以，本书的开头就为大家介绍一下这位老朋友。

先说说它的家境身世

月经个人档案

姓名：月经

别名（外号、曾用名）：大姨妈、例假、老朋友、生理期、那个、倒霉、好事儿、坏事儿

性别：呃，这是女性独有的生理现象

年龄：初潮年龄一般在 11 ～ 15 岁，绝经年龄在 44 ～ 54 岁，我国女性平均绝经年龄为 50 岁

身高（经期，指月经持续时间）：3 ～ 7 天，平均 4 ～ 6 天

体重（总失血量）：20 ～ 60 毫升

到访周期(月经周期,指两次月经第一天之间的间隔时间)：21 ～ 35 天，平均 28 天

血型：要看你自己是什么血型了

星座：它是雅典娜，玩转全部十二星座

性格：内向，自律性强，不善交流，敏感，情绪化，报复心强，且不愿迁就别人

爱好：搞恶作剧

职业：地下交通员，负责向你传递身体的情报

最害怕的事儿：怀孕

月经来自偏远的子宫

如果把人体的胸腔、腹腔、盆腔看作故宫外朝三大殿的话，胸腔内有心、肺这样的重要脏器，地位类似太和殿，是身体的中心部位；腹腔内有肝脏居住，统筹全身解毒、合成代谢，相当于供皇上阅示奏章的中和殿；盆腔在腹腔下方，离太和殿最远，这就是保和殿了。保和殿虽位置偏远，但作用也不容小觑，因为掌管人类生育的子宫就在保和殿里，而我们的“老朋友”月经，就来自子宫。

从名字就可以看出来，子宫也是一座“宫殿”，它位于盆腔保和殿内，属于宫中之宫，作为人类孕育胎儿的重点单位，理应受到重重保护。这些保护包括如下几方面：

- 子宫被盆腔内的四对韧带固定，就相当于是为这座宫殿围上了栅栏，以保障它的位置不会随意变动。尤其当子宫随着胎儿慢慢变大的时候，不至于被宝宝踢得东倒西歪。

- 周围配套设施齐全。为了使子宫能以最大效率孕育胎儿，在这座宫殿的左右两侧，分别连接了一条细细的长廊，这两条长廊就是输卵管。长廊的另一端是一个开口，这可不是普通的开口，这个开口在医学上被称为输卵管伞端，如果用显微镜仔细观察，会发现它上面有很多像手指头一样的结构，使得这个开口具有了“抓拾”的功能。而在开口的旁边就是卵巢，可以定期排出卵细胞供输卵管伞端“拾卵”，让人不得不感叹配套设施的精妙！

- 宫殿建筑材料考究，围墙（子宫壁）不是一层，而是多达三层结构，从外向内依次是：子宫浆膜层，包裹在子宫最外面，将子宫和盆腔内其他脏器，如肠道、膀胱，相互隔离，使子宫成为一座独立的宫殿。中间是子宫肌层，这一层最厚，没有怀孕的时候可以厚达一厘米，含有大量的平滑肌组织。这些平滑肌组织又根据不同的排列方式分为三层，其间穿插着大量的子宫血管，当子宫平滑肌收缩的时候，可以对这些血管起到压迫止血的作用。最内一层是子宫内膜层，这是子宫最最重要的功能层，将来的受精卵就像种子一样被深埋在这一层中（医学上称为着床），是孕育胎儿的土壤。而子宫的内膜层也不是一成不变的，就像宫殿内墙的墙皮一样，时间长了会斑驳脱落，这些脱落的子宫内膜，就形成了月经。

当然，我们的“老朋友”月经可金贵着呢，把它比喻成掉墙皮实在是委屈它了，因为它虽然来自偏远的子宫，但是却和更高层的领导关系紧密，它的到来，可绝不是时间长了掉墙皮那么简单。

这个更高层领导就是人脑了，它老人家压根儿就不和外朝三大殿掺和，自己独居在“内廷”脑袋里，向整个身体发号施令。我们的“老朋友”月经也能和它老人家搭上关系，甚至还是直属关系！

月经其实是这么回事儿

人脑中有一个重要结构，叫作下丘脑，专门掌管人体的内脏活动和内分泌活动，内脏或者内分泌想要干点儿什么事儿，都得向下丘脑打报告，经它批准下达指令后才能去做。当然，下丘脑作为中央级别的领导，是不可能直接和内脏对话的，它的手底下有一位得力干将，叫作垂体。垂体可是本事了得，自己可以分泌多种调节性的激素，当它接到下丘脑下达的指令后，就开始利用自己分泌的激素，来指导下属内脏们的工作了。接受垂体指导工作、和月经有关的办事员，就是卵巢。这样，从中央领导下丘脑，到它的秘书垂体，再到下属的办事员卵巢，形成了一个完整的传话筒结构，这就是医学上非常重要的下丘脑－垂体－卵巢轴。

这个传话筒是这么工作的。其实，作为孕育胎儿的场所，子宫时刻准备着为小宝宝提供最佳的生活环境，等待着受精卵的种植。所以，从月经周期的一开始，卵巢就在逐渐增加雌激素的分泌量，雌激素的作用就是使内膜增厚，相当于不断地增加土壤。同时，卵巢内的一颗新鲜的卵子也在不断地成熟。终于，卵巢发现这颗卵子马上要成熟了，于是打报告向下丘脑提出申请：

“报告领导，一颗卵子已经基本成熟，土壤量也已基本合适，请指示。”

下丘脑接到报告后，向垂体发出指示：

“卵巢那边准备得差不多了，让它排卵吧，顺带把土壤给我搞得肥沃一点儿。”

接到上级指示，垂体不敢怠慢，立马施展手段，分泌了很多叫作黄体生成素的东西，主要任务就是通知卵巢：

“你可以排卵了，顺便多分泌些孕激素吧，给子宫内膜施施肥，以饱满的热情，等待受精卵的到来！”

很快，卵巢接到了批示，马上投入迎接新生命的工作中。它先是排出一颗成熟的卵子，供输卵管伞端拾取；随后，排出卵子后留下的空位就形成了黄体，一起加班加点分泌孕激素，以使土壤尽可能地肥沃。卵巢排卵以后的这一段时期，就称为黄体期。和卵子成熟的时间有快有慢不同，黄体期的时间是固定的，每个人都差不多，是 14 天。所以，对于月经周期规律的人来说，来月经前的 14 天差不多就是排卵期，想怀孕的话选这两天就对啦!

但是，不是每次排卵都会有精子来相会的，多数情况下，被输卵管拾取的那颗卵子，最终也没有遇上它的如意郎君，而是孤独地被吸收掉了。上上下下忙活了将近一个月，结果什么也没有迎来。这事儿是不会逃过下丘脑的耳目的，它很快发现自己被忽悠了："你们压根儿就没有受精卵！"

于是下丘脑发怒了，它突然撤掉了对卵巢的全部资助，使得卵巢分泌的雌孕激素骤然下降。本来肥沃的子宫内膜，完全是靠着雌孕激素支撑的，这些激素水平的突然下降，使得子宫内膜无法继续支撑，于是开始分崩离析，从子宫壁上脱落下来，再经过阴道排出体外，这就是月经了。

不过，作为领导的下丘脑可能记性不是太好，或者是感觉月经来过了，让下属们一个月的努力都付诸东流，也算是一个惩罚了。所以，月经结束之后，它还是会继续资助卵巢的工作，卵巢继续运作子宫内膜这片土地，继续向上级领导打报告、交申请，下丘脑也继续做批示，垂体也继续做指导。然后下丘脑继续发现自己被忽悠，继续发怒，于是，月经它又来了。如此这般，周而复始。这就是月经的来历了。

— 02 —

关于月经的一些江湖传闻

看了前面的描述，有没有一种陌生的感觉，很想问一句：“你确定是在讲月经吗？”可能在很多女性的印象中，月经，就是流血，就是麻烦，就是湿漉漉、黏糊糊，就是肚子疼，就是怕冷，就是浑身没劲儿。还不止这些，还有很多和月经有关的江湖传闻呢。

子宫后位就会怀不上吗

猴子哥和我从小在一个家属大院长大，关系就像亲兄弟一样。有一年过节回老家，一天晚上猴子哥把我约出来吃路边摊。两杯啤酒下肚后，猴子哥突然满脸严肃地对我说：“顺子，你是妇产科的医生，我得问你个事儿。”

“说！”

“我现在不是谈了个女朋友吗？时间也不短了，感情挺好的，打算领证了。”

“哦，就你上次说的那个嫂子吧？”

“没错，就是上次说的那个。本来都挺高兴的，结果前两天她突然向我摊了个牌。”

“摊牌？摊什么牌？”我隐约感觉事情好像有点儿不妙。

“唉，你嫂子她不是痛经嘛，这事儿我也早就知道了。后来她去医院检查，做了个B超，说是子宫后位！”

“嗯，然后呢？”

“这还然后什么啊！都子宫后位了，还然什么后！”

“子宫后位怎么了？”

“你是真不知道还是跟我装傻啊？你嫂子说了，她在网上查过，说子宫后位现在是痛经，将来很有可能怀不上小孩儿。就是说，如果我们结婚，很有可能将来会没有孩子！”

“就这个事儿啊？没别的了吧？”

“这事儿还小啊？如果没有孩子，就算我们两口子能接受，我爸妈那儿也不好交代啊。现在弄得我们俩之间气氛都有点儿不对劲儿了。这不趁你回来赶紧问问你，这毛病能治好吗？”

听他说完，我就放心了，悠闲地咬了一口羊肉串：“别听网上瞎说，没什么毛病，正常的，不用治！”

“啊？正常的？不是说正常子宫都是前位的吗？不是说后位的子宫不容易着床吗？看病的那个医生就是这么说的，说子宫后位都和体寒有关系。”

“你去私立医院看的吧？”听他越说越不靠谱，我打断了他。

“你嫂子说公立医院人实在太多了，排队挂号就要半天，一早去医院，下午能看上就不错了，医生还都爱答不理的，所以就去私立医院了，环境好，医生也热情。”

我一扭头，指着我的耳朵说：“正常人的耳朵也不是我这样的啊，我这是招风耳，往前忽闪着，但也不耽误我听声音啊。子宫就是小孩儿出生前的一个房间，所谓的子宫前位后位就是子宫的位置。这就相当于一个房间的朝向，比方说前位子宫就是房间朝南，后位子宫就是房间朝北。只要你房间结构没问题，空间够大，那朝南朝北都能住人，和痛经啊、不孕啊没什么关系。现在的医疗市场你是不知道，就是公立医院垄断，它占着垄断地位呢，当然就厉害了，没人和它竞争，没有紧迫感和压力，就没有动力提高服务态度。再加上老百姓看病都往大医院跑，医生每天看上百个病人，就一个个都爱答不理的了。私立医院根本没法和公立医院竞争，政策不给机会，尤其是小的私立医院，大多数都不正规，为了能继续生存下去，能有口饭吃，也就没什么医疗原则了。不过，我你总该相信吧，我告诉你没事儿，你还怕什么！”

“哈哈，你这么说我就放心了，害我白担心了好几天！”

后来，猴子哥和猴子嫂高高兴兴地结婚了，现在小女儿已经两岁多了。更让猴子嫂高兴的是，生完女儿，连痛经都好了。

痛经的问题主要就是痛吗

难道生孩子还治痛经？

痛经，可以说是最常见的妇科症状之一了，是很多女性的噩梦。曾经有位姑娘这么调侃：“为什么江姐可以如此坚强？她一定有非常严重的痛经，每个月都要痛苦那么几天。连痛经都能忍得过来，钉竹签、老虎凳又算得了什么！”

虽然痛经发生得如此普遍，又让人如此痛苦，但是，90% 以上的痛经是像前面的猴子嫂那样，查不出什么器质性的病变，就是说生殖系统各个器官在结构功能上都是正常的，我们称这类痛经为原发性痛经。就是说大多数情况下，痛经的问题就只是痛。这句话看了可能挺让人来气，痛经就“只是”痛，那你还想要怎样？其实，痛觉是人类的一种自我保护机制，当你感觉到痛的时候，其实是机体在提醒你，身体的某个部位可能正在受到伤害，你要有所行动了。比方说牙痛了，提醒你可能是有了蛀牙；腹痛了，提醒你可能哪个脏器有了炎症；摔了一跤腿痛，提醒你可能发生了骨折。总之，疼痛不是问题的重点，疼痛提醒你要注意的疾病才是问题的关键。

而痛经就不大一样了，它是因为子宫平滑肌剧烈地收缩，就像上一篇提到的那样，压迫了子宫内的血管，造成了短时间的缺血而引起的疼痛，只有很小一部分痛经是因为盆腔内脏器发生了病变造成的。所以，大多数的痛经其实就只是痛，它提醒机体注意的作用并不大，你除了痛经没有什么其他问题。这也就决定了，在治疗痛经的时候，我们没有办法通过对脏器的治疗来改善痛经的症状，而只能单纯地针对疼痛进行对症治疗。通常，在月经来的那几天调整好心态，消除紧张情绪，注意休息，对痛经还是有所帮助的。如果实在顶不住，也可以吃一点儿止痛药。其实，在国外很多女性是通过服用短效口服避孕药来治疗痛经的，每天一片，连续服用 21 天的那种（不是事后紧急避孕药），对于同时有避孕要求的女性，可谓一举两得，效果很不错。但是，因为短效口服避孕药的成分是雌孕激素，而国内很多人一提到“激素”两个字就像听到毒药一样，碰都不敢碰；再加上有些没有过性生活的女性，觉得吃避孕药好像就等于宣告自己处女时代的结束，非常抵触，所以，国内选择这种方法的人并不多。其实，短效口服避孕药短时间内应用还是非常安全的，那些被痛经折磨得生不如死的女性，不妨一试。

最后再提一句，因为分娩之后，宫颈口会比分娩前相对松弛一些，所以，产后的子宫平滑肌不需要非常剧烈地收缩，就可以比较容易地将经血排出。因此，前面提到的猴子嫂在生完孩子之后，痛经自己就好了。

哺乳期也会来月经吗

当年猴子哥听了我的“医嘱”，没再担心老婆子宫后位的问题；而猴子嫂自从生了女儿之后，对我的信任也是直线上升，稍微感觉有点儿不对劲儿，就马上打电话咨询。女儿生了没几个月，猴子嫂的电话就打过来了。

“顺子，我又有事儿要麻烦你了。”

“不麻烦，你说。”

“你侄女出生这才俩月，我还喂着奶呢，结果昨天好像月经来了。我刚上网搜了一下，网上说，这女人的血液往上走就是乳汁，往下走就是月经，所以，喂着奶的时候就不应该来月经，如果来月经了，就说明母乳的质量有问题了，没营养了，是不是这么回事儿啊？”

“哎哟，嫂子，你这都是在哪儿搜到的江湖传闻啊，说的还都有鼻子有眼的！一般情况下哺乳期确实不会来月经，但是有些人偶尔也会来一两次，有的人哺乳期也会排卵，如果不避孕还能怀孕呢。不过，不管是来月经还是排卵，都不会对母乳有什么影响，你就让猴子哥给你多加点儿营养就行啦！”

“啊？哺乳期也会怀孕啊！我现在这孩子才俩月，要是再怀了孕，那不是要疯啦！我得跟你猴子哥说去！”

猴子嫂虽然当时没有细问，但是她碰上的问题其实并不少见，虽然大多数女性哺乳期是不会有月经来潮的，但是有过哺乳期来月经经历的人也不在少数。这是因为，哺乳的时候泌乳素水平很高，而泌乳素是由垂体分泌的。上一篇已经提到，垂体是月经来潮的一个重要环节，当泌乳素水平很高的时候，通常就限制了垂体对卵巢分泌的调控，卵巢缺乏有效的信息供应，因此一般情况下哺乳期不会有月经来潮。但是，不定有个什么原因，让垂体高兴了一下，又给卵巢发出了信号，让卵巢又排了一颗卵出来，这就会导致哺乳期来月经了。这其实是内分泌调控的问题，和乳汁的质量没什么关系，哺乳期来月经是不影响喂奶的。

月经周期短的女人老得快吗

看门诊的时候，遇到过不少患者，因为月经周期太短而来就诊。她们月经周期规律，经期时间也不长，经量也适中，但就是每个周期只有二十二三天。看过前面的“月经个人档案”你就会清楚，虽然月经顾名思义是一个月一次，平均的周期也是28天，但是，如果周期在21～35天的，也都属于正常时间，是不需要特殊治疗的。但是，有一位患者给我算过这么一笔账，让人感觉治疗好像是刻不容缓了。

她说，女人和男人不一样，一辈子排出来的卵子数是固定的，大约就四百多颗吧，排完就没有了。人家月经周期长的，是一个月排一颗，我周期短，每个月短一周，一年下来就要比人家多排4颗卵，10年就是40颗。这样，我要提前将近10年就把卵子排光了，卵子排光了就要绝经，我就要老了啊!

听起来好像算得没错，实际上，她从一开始的假设就错了。女人确实和男人不一样，男人可以不断地生成数以亿计的精子，而女人一生中排出的卵子数目却是固定的，这点没错。但是，并不是说卵子排完就没有了。其实，在卵巢中存在着大量的始基卵泡，就像青年团预备役一样，这些始基卵泡是卵子的后备力量。虽然每个月经周期只排出一颗卵子，但是，每个周期实际被招募起来的卵泡却有好几个，这些被招募的卵泡当中，只有一个最终成为优势卵泡，达到成熟，排出卵子，其余几个就都自行退化了。所以，虽然女性一生中要排出四百多颗卵子，但是，这只占总卵泡数目的0.1%。因此，如果你的月经周期比别人稍微短那么几天，大可不必担心自己会因此而过早衰老，就像前面提到的，每个人的黄体期是固定的14天，周期短几天，只是说明卵泡成熟得更快一些，你只不过可能比别人多排几十颗卵子而已，卵巢还是有这家底的。

不过，话又说回来，虽然每个周期都有足够多的卵泡来供你招募，但是卵泡的总数量却是从你一出生就定好了的，它不像男人的精子一样可以不断地生成，而是只会减少不会增加。从一这点来看，卵子要比精子金贵得多了。而如果因为某些原因，在 40 岁以前就会造成卵泡耗竭，而发生卵巢功能的衰竭，医学上称为卵巢早衰。就是说，生成卵子的后备力量出现了严重的损失，这种因为卵巢早衰造成的不孕，目前医学上还没有什么很好的治疗手段。

— 03 —
备孕，生孩子还是要趁年轻

虽然门诊患者形形色色，但是，有这么两大类患者：一类是 20 岁左右怀了孕来打胎的；另一类是三十多岁想怀孕怀不上的，让人不得不感叹生活的促狭。

都说多大年龄就干多大年龄该干的事儿，那么怀孕生孩子这件事儿，是多大年龄该干的呢？

年轻的时候不想生

如果单从医学角度去看，女性一般初潮后 5 ~ 6 年就可以建立起成熟的生殖激素反馈系统，生殖系统也就成熟了。而女人只要成熟了，就应该早生孩子。为什么这么说呢？生育这方面，女性的限制条件要比男性多得多，要说起来，男性年龄大了精子活力会下降，但是只要还能挺起来，50 岁老来得子不是什么新鲜事儿。不是有一张经典的老照片叫作“海婴与鲁迅，一岁与五十”吗？但是女人别说 50 岁了，超过 40 岁，生育能力就要大大打折扣了。有研究表明，女性 35 岁时的怀孕能力比 25 岁时下降一半，40 岁时再下降至少一半。这还只是受孕能力，还不包括自然流产。有研究显示，20 ～ 24 岁的女性自然流产率是最低的，只有大约 10%，就是说 90% 都可以成功妊娠下去；而到了 30 ～ 34 岁，流产率就增加到了 15%。如果觉得这还不算高，后面几组数据就比较闹心了：35 ～ 39 岁流产率大约为 25%，40 ～ 44 岁流产率达到 50%，而 45 岁以上的流产率高达 93%！这还不算完，超过 35 岁，不仅生育能力下降，而且怀孕后发生产科并发症的风险明显升高，生育畸形儿的比例明显升高，剖宫产率也明显升高。所以，医学上把 35 岁以上的产妇定义为高龄产妇，只要达到高龄产妇的标准，甭管您平时身体多好，一律归入高危妊娠的人群里。

另外，不光是怀孕的时候，生完孩子以后的差别也大着呢。从产后恢复来看，年轻妈妈的恢复明显比年纪大的要快，人的代偿能力要好得多。现在 20 岁出头的妈妈也不少见了，我们经常感叹年轻妈妈的恢复能力，剖宫产第二天，就能边啃着苹果边在走廊里逛游了。说个极端的，如果同样碰上大出血，一个 25 岁的和一个 35 岁的，连我们医生的紧张程度都不一样，对年轻的会更有信心。

这是从医学角度的回答，所以说，在妇产科医生眼里，哟，你这都二十多岁啦，还不赶紧生孩子啊？

想生的时候怀不上、生不下

曾经给一个 41 岁的高龄产妇做剖宫产，手术中发生了大出血，好在准备充分，险情顺利化解。术后查房的时候看着她虚弱地躺在病床上，我对她说："你要是能早10年，31岁生孩子，就不会遭这个罪了，没准手术都不用做，自己就生出来了。"

她脸上挤出一丝苦笑："提早10年，哪有精力生孩子啊！"

在我看来，这真是饱含了生活酸甜苦辣的一句话啊！翻看她的病历，博士，工作单位也是某某大公司，以这种年龄和学历，想必也一定坐到了比较理想的职位了。看看这份个人史，简单一算就知道，她所言不虚。

本科4年，硕士、博士6年，光接受高等教育就要10年，再加上12年的小学中学，想二十多岁生孩子？三十多岁才毕业呢！

三十多岁终于结婚了，就要立马生孩子？合着女人就是一部机器，一部安装有"子宫"这种部件的用来生育小孩儿的机器了。女人结了婚，就等于是机器被颁发了出厂使用许可证，就得马上履行她的义务，赶紧生出一个孩子来。凭什么啊？生孩子这事儿，对男人来说就是一个"寒战"，而对于女人来说就是后半辈子。这意味着怀孕时的种种不适，意味着分娩时的剧烈疼痛，意味着哺乳时的不眠不休，只要生了孩子，女人就要用她的后半辈子去诠释"母亲"这个伟大的名词。可是，她是不是也有权利做她自己呢？她也想去逛逛街买买衣服，也想去看看小说看看电视剧，也想去听听歌画幅画；但是，一旦生了孩子，这些就全都变成了一堆尿不湿。

人生苦短，女人尤其不易，前面几十年要做父母的好女儿，后面几十年要做孩子的好妈妈，是不是也可以给自己一点儿时间呢？既然做女儿的时间没法改变，也就只好推迟做妈妈的年龄了。

人就是这么一种较劲儿的动物，年轻的时候不想生，到了想生的时候又怀不上了。确实是“提早 10 年，哪有精力生孩子啊”，只怕等到有精力生孩子了，身体也就没有精力去应付生孩子了。所以，虽然我坚决支持女性有决定自己生育的权利，但是，作为一名妇产科医生，我还是想说，如果你年龄差不多了，那么有条件能生就早点儿生吧；如果你已经怀孕了，甭管是不是意外，尽量给这个孩子一个机会，也是给自己一个机会。

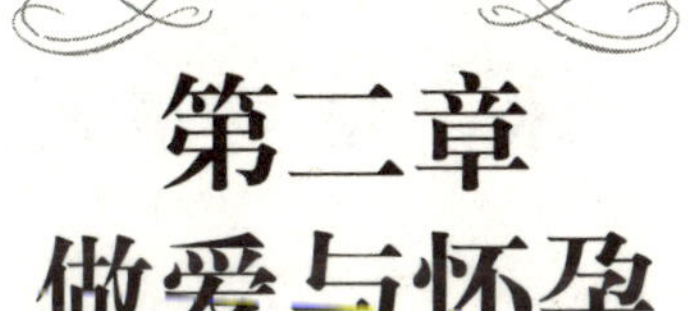

第二章 做爱与怀孕

有个事儿我一直没弄明白，性是从什么时候开始成为一种禁忌的呢？性欲为什么会被限制呢？同样是人类的欲望，饿了你可以堂而皇之地满大街找馆子，然后当着很多人的面点菜吃饭，你可以公开表达自己的食欲并且公开满足自己的食欲。但是性欲却是私密的。

怀孕生孩子的书怎么也绕不开性，如果没有男女之间“获得生命的大和谐”，那么就没法怀孕——至少没法自然怀孕。

—01—

不懂避孕就上床，是要拿人流当避孕吗

可以这么说，无论你如何贬低，都不会低估我们的性教育的。因为性知识的严重匮乏，闹出来的笑话可是多了去了。很多人的性启蒙教育可能来自荤段子或者毛片，那么如果你从小就是严格意义上的“好孩子”的话，就很难获得良好的性知识教育。曾经有一对博士夫妻，因为婚后一年不孕来就诊，询问性生活回答是正常的，结果妇科检查的时候医生却惊奇地发现，妻子的处女膜竟然还是完整的！再仔细追问他们到底怎么过性生活的，原来他们以为抱在一起接吻睡觉就是性生活了，对性的认识还基本停留在小学阶段。你觉得夸张得让人难以置信吗？难道作为博士他们连性交是什么都不清楚吗？真的会不知道，因为性交不是人类的本能动作，也是需要后天学习的。

其实，不知道性交是怎么回事儿问题也不是太大，最多不过耽误点儿时间，以后总会知道的。还有一个问题就更麻烦了，那就是知道怎么过性生活，但就是不知道怎么避孕，这问题可就大多了，因为这是会出人命的！

人流就是人流，超导、可视、无痛都没你想的那么神

随着网络的普及和社会思潮的开放，越来越多的人有机会知道性生活到底是怎么回事；但遗憾的是，我们的精神文明建设发展好像还没跟上，对于避孕知识的普及还是相对落后的。这就造成了人民群众日益增长的性生活知识和落后的避孕常识之间的矛盾，这一矛盾的直接后果就是，各种人流广告如雨后春笋般地蓬勃兴起。比如，有个无痛人流的广告是这么说的：“今天做手术，明天就上班！”一开始我还没反应过来，今天去做了手术，明天就能有班上啦？怎么着，这是做人流手术还给送份工作吗？后来一想，哦，它是想说手术恢复得快，明天就能上班了——这不是扯淡吗！

人流，无痛人流，超导可视无痛人流，这看上去好像体现了医学的飞速发展，其实医生在手术操作上没什么区别！过程都是一样的，用个吸管——呃，总要比你喝饮料的吸管粗一些吧，而且也不能用嘴吸啊，一头是连着负压吸引器的——进入宫腔把胚胎吸出来，然后用刮匙刮宫。手术一开始通常都会在宫颈位置局部用一点儿麻药，以减轻痛苦。无痛人流呢？就是手术的同时又加了一个静脉全身麻醉，这样你睡一觉手术就做好了，整个操作过程人是不清醒的，也就没有痛苦的感觉了，但是医生的手术操作是没有什么区别的。超导可视无痛人流，就是说手术过程中是有 B 超引导监护的，这样穿孔或者残留的机会相对小一些。以目前的医疗水平，哪家医院还不配个 B 超机啊，做人流的同时旁边看 B 超都是默认配置了，再把 B 超引导拿出来做广

告宣传，也就是唬唬那些不了解情况的小女生而已。

其实医生是怎么操作手术的并不重要，大家更关心的是做了这个手术后会有什么影响，手术会给自己带来多大痛苦，会给自己的将来造成多大的麻烦。这个问题就比较复杂了，医生平时在回答患者类似咨询的时候，也都是看菜下锅的，不同的人问，回答的内容还真是都不一样。所以，在看接下来的内容时，读者请先自我评价一下，不同的人选择不同段落阅读。

第一次意外中招之后

其实临床上做人流手术的女性中，有一部分真的很无奈。比如，有的患者就说，医生，我已经很注意避孕了，每次性生活都戴避孕套，还检查有没有破洞，结果还是中招了。这种事儿碰上了真的是倒霉，就像前面说的那样，女人又不是生孩子的机器，凭什么怀了孕就一定要生下来，凭什么不能有自己生活和事业上的安排，一定要被生育这件事儿牵着鼻子走？通常这种对避孕知识非常了解、对自己生活很有规划的患者，同时还存在另一个问题，就是对人流手术极其恐惧，生怕一次手术之后就再也不能怀孕了，完全打破了自己对生活的各种部署，从而带来很大的精神压力。还有的患者本来就是打算怀孕的，结果这次胚胎发育不好，发生了难免流产的情况，只能进行清宫。对于这些患者，医生在介绍手术风险的同时，还会进行开导，缓解患者的压力。

比如说，虽然任何手术都有出现并发症的风险，但是，如果在正规医院、由有资质的医生操作的话，人流的严重并发症发生率应该在1‰左右，还是属于一个相对安全的手术。至于对以后生育能力的担忧，根据统计，大约有30%的女性，做过至少一次人流手术。就是说女人中，10个里头有3个一生中曾做过人流手术，这个比例可是不小的。但是不孕的比例却没那么高，研究显示，如果仅仅做过一次人工流产，似乎对下次妊娠结局影响不大，这里的不良妊娠结局包括不孕、宫外孕、自然流产、新生儿畸形、死胎，等等。就是说，虽然人流是盆腔感染的高危因素，而盆腔感染可以造成不孕，但是，仅做过一次人流手术，和从未做过人流手术的人相比，不孕的发生率似乎相差不大。所以，就先忘掉这次不愉快的经历，继续做好避孕措施，享受自己的生活吧！

人流手术到底有哪些影响

如果你已经不是第一次做流产了，或者你对各种避孕方法还不了解，也没打算去了解，又误读了上面那些医生对患者的开导，那么先别窃喜，你已经流产了不止一次了，还不学着避孕的话就会有更多次，直到再也怀不上为止。现在，就别看那些医生宽慰患者的话语了，还是直面自己的问题吧：人流手术到底有哪些影响？

人流手术虽然不开刀，大多数也不用住院，但是手术没有大小，只要是对人体侵入性的操作，就一定有相应的手术风险，就可能发生相应的手术并发症。虽然这些风险和并发症就是个概率问题，但是对于个体来说，概率是没有意义的，发生了就是100%，谁也不能保证你就不是那个倒霉的人。人流手术有哪些风险呢？先看近期的，可能会发生大出血、感染、子宫穿孔、宫颈损伤，还可能因为宫内组织残留要再次手术。后期的风险就更麻烦了，你现在是怀上了不要，等到将来想要了，恐怕就怀不上了，因为多次人流手术之后，容易发生子宫内膜的损伤，或者盆腔炎症，导致不孕，或者怀上之后容易自然流产，而且以后发生宫外孕的风险也会大大增加。

什么？无痛人流？那也只是减轻手术时的痛苦而已，手术操作一点儿也没减少，而且相应的风险还会增加，因为你打麻药了啊！麻醉意外总听说过吧？而且打了麻药之后你就什么都不知道了，不能和医生配合。比方说，如果发生子宫穿孔，清醒的时候可能很快就能有明显的反应，让医生有所警觉；而如果不清醒的话，要等到穿孔很明显，甚至发生更严重后果的时候医生才能发现，所以无痛人流的风险比普通人流还要大一些。

所以，人流可不是过家家，别以为怀孕了打掉就是了，人可经不起这么反复折腾，就算你现在不怕手术痛苦、不怕手术并发症，也总要为以后考虑考虑吧，可千万不要拿人流当避孕啊！

—02—
妇产科医生教你如何避孕

有人说："要发生性关系，女人需要一个理由，男人则只需要一个地方。"其实不论对于男人还是女人，都还需要一个避孕方法，而且这对女人更重要。不过遗憾的是，国内的避孕教育非常落后，都不好意思张口说这事儿，老师不好意思教，学生不好意思学，好像避孕这事儿，说了就是鼓励性交——这不符合逻辑啊。其实，很多事儿讲明了比暗着来要好多了。你承认人性的弱点，承认人都是自私的，以人性的自私为出发点来制定规则，把丑话说在前头，比背地里搞潜规则好多了。宁做"真小人"，不要伪君子。所以，虽然本书是介绍孕产知识的书，避孕知识也得讲！

前面讲到，人流不是避孕，它只是避孕失败后的一种补救措施。这就好像武侠小说里，那种杀伤力极大的大招，是不能轻易发招的，太伤元气，偶尔用一次可以解决问题，但总是发大招就相当于自废武功了，真正的高手还是要靠常规招式应对的。人流也是这样，偶尔做一次，解决了问题也就算了，你若总是想依靠人流来对抗怀孕，总有一天会再也怀不上了。所以，功夫还是要下在平时，那就是要学会避孕。如果你对避孕知识不了解，那么千万别说自己是“意外”怀孕的，你不避孕怀孕了有什么好意外的，意外没怀上还差不多！

别再被错误的避孕方法误导了

女性只要有了性生活，就要面临两个选择：怀孕和避孕。而无论哪种避孕方法，避孕成功率都不是100%的，即使是成功率最高的结扎术，也照样有自然复通的可能性，从而导致避孕失败。所有的避孕方法都有它的优缺点，因此也就没有哪种方法可以占绝对优势。如果谁能发明一种避孕成功率100%、对人体又没有什么损伤的避孕方法，那么毫无疑问，他肯定会获得诺贝尔奖。正是因为任何避孕方法都有失败的概率，所以无论你选择了哪种方法，只要是有性生活，那么就存在怀孕的可能，只有在那个时候才能使用人流这种补救措施。

虽然避孕方法都有失败的可能，但是也有靠谱和不靠谱之分。有很多所谓的避孕方法，就像一些不入流的武功招式一样，用处不大，流传倒是挺广，挑几种简单的来说说。再次强调，以下方法强烈不推荐，切勿模仿。

安全期 所谓安全期就是非排卵期。就像第一章中讲到的那样，排卵是受到调控的，有周期规律可循，一般月经来潮前14天排卵，如果不是排卵期同房的话，似乎就不该怀孕。但是这种想法太天真了，卵巢的调控可不像酒泉卫星发射中心对于火箭发射的控制，一分一秒都不差，谁知道下丘脑、垂体什么时候高兴了，给卵巢传个话，提前排卵或者推后排卵了，它们又不会通知你。再说了，卵子排出之后，不是说立刻就会被吸收，还会有等待时间的，而且精子也不是马上就都流光了，也会等着的。这么三等两等，没准双方就等上了，你这避孕就算失败了。而对于那些月经周期不规律的人来说，就更别提什么安全期了。所以说，安全期不安全，在妇产科医生眼里，如果你说避孕方法是安全期避孕，那基本就约等于不避孕。安全期不坑爹，它坑娘！

避孕失败指数：★★★★

以讹传讹指数：★★★★

坑娘指数：★★★

紧急避孕药 同样是避孕药，您可要看清楚，这和前面提到的口服短效避孕药差别可大了。前面提到的口服短效避孕药，是每天口服一颗，连续服用 21 天为一个周期，市面上常见的如妈富隆、敏定偶、达英 –35、优思明；而紧急避孕药是在性生活之后，一次性服用的，市面上常见的如毓婷、安婷、米非司酮。口服紧急避孕药这种方法仅适用于常规避孕失败（如避孕套脱落），或者非意愿无保护性生活（如被强奸），而不适用于常规避孕。这种方法不仅避孕失败率高，而且，由于紧急避孕药通常剂量较大，所以副作用也比较明显，对于月经的不良影响也比较大，经常可以引起连续几个月的月经失调。

避孕失败指数：★★☆

以讹传讹指数：★★★

坑娘指数：★★★★

体外射精 这就不多说了，你以为没有射在阴道里面就可以避孕了吗？你只是没看见精子进去而已，你太低估精子游动的能力啦！在医生眼里，体外射精也约等于不避孕。

避孕失败指数：★★★★☆

以讹传讹指数：★★★★

坑娘指数：★★★

很靠谱的四种避孕方法

说完那些坑娘的种种不靠谱，总要讲点儿有用的。如果把怀孕看作假想敌的话，那么常规的避孕武功招式，各门各派也都不相同，这里就介绍几个著名门派的靠谱的避孕方法。

结扎术 属于避孕方法中的福威镖局。林远图创立了一套“辟邪剑法”，威震武林。可以说，以这套辟邪剑法的招式，几乎可以横扫各路敌人——就是说这是胜率最高的武功。但是，想必大家也知道修炼此功的前提条件，需要对自己的身体进行一定的损伤。结扎术的方法是切断输卵管，就是前面说的连接子宫这座宫殿两侧的长廊。这两条长廊的作用非常重要，是运输受精卵的必经之路，如果将其切断，那么受精卵就没有办法进入宫殿，也就没法着床，自然就不会怀孕了。不过武功虽强，但修炼难度不小，你得特意去医院做个手术。而且，要付出的代价也不小，那就是切断容易复通难。结扎的时候一刀两断倒是很痛快，可是以后万一后悔又想怀孕了，那么要把已经断开的两节输卵管再接回去，手术可就麻烦多了。所以，选择这一门派的，基本都是已经生育过的妇女，并且不再打算生育，唯一的要求只是想用足够高超的招式来解决对手。

避孕成功指数：★★★★★☆

易操作指数：★★★

附加获益指数：☆

低损伤指数：★★☆

可逆性指数：★

宫内节育器　属于避孕方法中的霹雳堂。霹雳堂名声虽响，但非以武功取胜，而是以制造厉害的炸药火器威震武林。宫内节育器作用相似，是在子宫里放置一枚节育器，从而干扰着床，避孕效果也很理想。并且和结扎的可逆性差相比，宫内节育器的可逆性就好得多了，取出后很快就可以恢复生育功能，而且放置和取出的手术操作都很方便。当然了，既然是“炸药火器”，那么它的自伤性风险还是不小的。比如，放置手术时可能有出血、感染、子宫穿孔的风险，不过概率都很低，主要还是放置后的一些问题。有少数人放置宫内节育器后会出现腰酸、腹痛、月经异常等不适表现，甚至有些人在放置宫内节育器之后还会怀孕，而且还是宫外孕。更有甚者，有些人的宫内节育器还可能会逐渐和子宫壁融合，长进子宫肌层里去，医学上称之为节育器嵌顿，给取出时带来了很大的麻烦。

避孕成功指数：★★★★

易操作指数：★★★☆

附加获益指数：☆

低损伤指数：★★☆

可逆性指数：★★★☆

口服短效避孕药 属于避孕方法中的丐帮。丐帮的镇帮神功降龙十八掌，以内力浑厚著称。而口服短效避孕药也是通过雌孕激素，对身体的内分泌进行调节，抑制排卵，也属于修炼内功。而且，江湖上有很多对于丐帮的误解，大家对乞丐充满鄙夷，缺乏尊重，而实际上丐帮弟子纪律严明，义薄云天，讲义气又富有正义感，虽然不能排除有个别弟子行为不检，但总体来说，丐帮还是江湖上响当当的正面帮派。同样，口服短效避孕药也在国内遭到了不公正的待遇。像前面说的那样，国人对于“激素”二字是出奇地恐惧，什么东西只要沾了“激素”的边儿，那基本就是要被严加防范的。我只不过就是想避个孕，怎么还要吃激素啊？而实际上口服短效避孕药远没有那么可怕；相反，由于它内功深厚，所以避孕效果极佳。另外，它还具有一些其他的附加好处，如前面提到的可以缓解痛经，调节月经周期，还可以降低卵巢癌、子宫内膜癌的发病率，所以临床上很多月经不调的治疗也是采用口服短效避孕药。当然，它也有一定的副作用，如形成血栓的风险，但是我们黄种人比白种人形成血栓的风险更低，如果只是吃个一年半载，能够定期体检的话，还是很安全的。不过，它倒是有一个不足之处，就是应用比较麻烦，一个周期 21 天，你需要每天坚持按时吃药，如果漏服的话会严重影响避孕效果。但是，就像刷牙一样，虽然也是每天都要坚持做，只要形成习惯了，也就不觉得麻烦了。

避孕成功指数：★★★★☆

易操作指数：★★☆

附加获益指数：★★★

低损伤指数：★★★☆

可逆性指数：★★★★★

避孕套　属于避孕方法中的古墓派。历史悠久，但从王重阳当年隐居古墓开始，古墓中人就有个特点：坚决不出来！到了林朝英收徒之后，还让人家立誓永世不出古墓。避孕套的方法也是一样，坚决不让精子出来！精子被隔绝开来，无法与卵子相遇，也就达到了避孕的效果。相信大多对于避孕知识稍有了解的人，认识也就停留在避孕套水平了，不过，有避孕意识，知道使用避孕套也是不错的。而且避孕套也有一些额外的好处，最主要的就是预防性传播疾病，因为宫颈癌的发病绝大多数是和 HPV 感染有关，这也是可以通过性传播的，所以，使用避孕套也可以降低宫颈癌的发病率。但是，需要强调的一点是，避孕套是这里介绍的四种避孕方法中，避孕成功率最低的一种，和使用方法的正确与否关系密切。

避孕成功指数：★★★

易操作指数：★★★☆

附加获益指数：★★

低损伤指数：★★★★

可逆性指数：★★★★★

— 03 —

怀孕不是那么容易，才会特别让人着迷

前面都在讲怎么避孕，万一怀上了怎么人流，都不是讲孕产的节奏啊，到这一篇终于可以言归正传讲怀孕了。

之前讲了各种避孕方法，靠谱的、坑娘的都有，但是没有一种完美的避孕方法，不管你用了什么方法，还是有可能对着验孕试纸上的两道杠直揪头发。可以说，为了能成功避孕，真是让人伤透脑筋。佛说“众生皆苦”，你那厢为了避孕伤透了脑筋，这边厢的姐妹为了能怀上孕也是操碎了心呢。

平时看小说、电视，一般情况下哪个良家妇女稀里糊涂地和某男过了一夜，下一个情节基本就是要怀孕了，然后自然而然就有了各种情感纠葛，而小三们也总是能拿肚子里的孩子做要挟——在众多作家、导演眼中，女人怀孕实在是再轻松不过的事情了，起码总是可以配合着剧情向前发展的，实在找不到矛盾冲突了，那就怀个孕嘛，只要一怀上孕，各种角色就可以立马热闹起来了。读者、观众呢，也都乐意接受这一现实，觉得既然俩人都上过床了，那自然就应该怀孕了啊，

反倒是《神雕侠侣》中小龙女被尹志平占了便宜还没怀孕，令很多读者感觉奇怪：小龙女是不是在古墓里待久了不孕不育了，怎么被尹志平占了便宜还不会怀孕？其实要说起来，还是金庸爷爷更靠谱些！

怀孕的“高考分数线”

避孕不容易，而另一方面，要想成功怀孕也难着呢。下面就来看看成功怀孕所必需的几个条件，这就像高考分数线一样，是你上大学必须跨过去的硬杠杠。

a. 男方有足够数量的活动精子。这里强调了精子的数量和质量。你能看到精液但看不到精子，因为精子实在太小了，只能用显微镜看，而你能看到的乳白色的精液其实大部分是前列腺液，至于里面有没有足够数量和质量的精子，还真不好判断。随着我们周围环境的恶化，男性精子的数量和质量总体也在走下坡路。而且，精子数量和质量跟男人肌肉多少似乎关系也不大，精壮猛男保不齐也有少精症。总的来说，就是男人也不能以貌取人。

b. 女方能够排卵。前面提到卵巢中有大量的储备部队，但是储备没用，重要的是关键时刻能排出来的，要能做到招之即来，来之能战。而规律的月经周期，可以看作是有排卵功能的一个表现，通常只要月经规律，那么一般排卵功能就问题不大；而如果月经平时不规律，那么是否可以正常排卵也要打个问号了。

c. 卵巢周围没有粘连。卵子只被排出来还是不够的，卵巢和子宫是不相连通的，卵子没办法自己跑到子宫里头，而是要经过输卵管。

如果因为种种原因，如盆腔炎症，卵巢和周围的其他脏器粘连到一起了，没有在应该在的位置，而且周围又有很多粘连带从中阻隔，那么排出来的卵子空有一身本领，也是没法进入输卵管这个生命通道之中的。

d. 输卵管有拾卵能力。如果卵巢结构功能都没问题，既可以排卵，周围也没什么粘连，卵子就紧挨着输卵管了，那也得看输卵管给不给力。前面说过了，输卵管是连接子宫这座宫殿两侧的长廊，而且开口的位置像手一样可以拾取卵子。但是，如果输卵管因为某些原因，伞端遭到破坏，甚至被堵住了，那么就失去了拾卵的功能，就算卵巢毫无问题，卵子也还是没法进入输卵管。

e. 输卵管通畅并且能正常蠕动。就算输卵管伞端可以成功地拾取卵子，把卵子带入输卵管这条生命通道之中了，但是，在这个通道里，卵子不是自己往子宫里头滚的，而是要依靠输卵管的运送功能。就是说，输卵管是个长廊，但不是普通长廊，它自己还有运送功能。如果输卵管周围被粘连了，运送功能受到限制，或者长廊里堆了建筑垃圾堵路了，再或者，就算这条长廊功能正常，结果造物主在建造它的时候不小心建长了一段距离，那么，将来的受精卵就都没有机会进入孕育生命的宫殿之中，也就没办法怀孕了。

f. 性交时间适宜。精卵可以有机会在输卵管中相遇。男方精子大军兵强马壮声势浩大，女方卵巢、输卵管都各司其职，而且输卵管这条生命走廊也畅通无阻。但是，每次都是错过，卵子在输卵管中苦苦等待了一天一夜，也没见着浩浩荡荡的提亲大队；或者数千万的精子大军冲进输卵管中，苦苦寻觅了三五天，也没找到娇媚的卵子，那么这事儿也就算黄了。那些每天盯着排卵试纸的女士，就是在寻找精卵结合的最佳时刻。

g. 适宜生长的宫腔环境。前面提到过，子宫就是孕育胎儿的宫殿。就像种庄稼需要肥沃的土壤一样，子宫内膜就是受精卵着床的位置。如果因为种种原因着床失败，那么即使是精卵相遇形成了受精卵，被运送到了宫腔内，也不能被成功地种植在土壤里，照样没法怀孕。

前面的这么多必需的条件，就像是每个科目必须跨过的分数线，让人不得不感叹，一个新生命的诞生，实在是占据了天时地利人和的奇迹，要想怀孕还真需要一定的“孕”气呢。有统计显示，对于一个24 岁育龄期的女性来说，正常性生活不避孕 1 个月，怀孕概率只有大约 25%，5 个月大约 40%，8 个月大约 75%，1 年大约 90% 可以怀孕。如果只有一次性生活，要恰好凑成前面说的这么多条件，确实不容易，怀孕的概率还真的不算太大。所以，如果努力了一两个月还没有怀上，千万别太紧张焦虑，可能就是缘分不到，等到机缘巧合了，没准下个月就怀上了。而如果不避孕超过一年还没有怀上，那就有必要到医院检查了。当然了，话又说回来，如果你是抱着这种侥幸心理，以为只有一次性生活不大容易怀孕，于是就不注意避孕了，那么可能到头来要吃苦头的就是你了——“事情如果有变坏的可能，那么不管这种可能性有多小，它总是会发生的。”这就是欠扁的墨菲定律。

说说 60 岁失独老太的试管婴儿

既然正常性生活不避孕一年有 90% 都可以怀孕，那么，如果超过一年都还没怀上，就要被诊断为不孕症了。这是困扰了很多家庭的一个问题，是的，这不仅仅是夫妻双方，而且是整个家庭的问题。虽然不孕症一直都是一个棘手的问题，不过 2013 年年底的一条新闻让人感觉好像怀孕也不是那么难的事儿了——“60 岁失独老太生子，试管婴儿手术生双胞胎”。

这条新闻一出，网上讨论异常热烈。除了对失独老人的关注之外，还有就是对试管婴儿技术的赞叹了。不少人感叹，60 岁的老太都可以怀孕生子，现在的医学真是发达，以后就不用愁怀孕的事儿了，怀不上可以做试管婴儿啊！

说实在话，这还真的是高估了医学的发展了。虽然试管婴儿技术是针对不孕症的一种比较好的辅助生育的方法，它的发明者也因此而获得了诺贝尔奖。但也千万不要把它神话了，能有 30% ~ 40% 的成功率已经很不错了。试管婴儿是将精子和卵子取出，在体外完成受精，然后再移植到宫腔内继续孕育，所以，它针对输卵管原因造成的不孕效果是最好的。但是，前面已经提到怀孕所必需的条件还有很多，输卵管因素只是其中之一，如果卵巢排卵障碍，药物刺激也无效，那么试管婴儿也是做不成的。另外，胎儿最终还是要在子宫里长大，如果子宫有什么问题的话，即使试管婴儿帮你完成了受孕过程，最终也还是没办法在宫腔内长大，要么着床困难，要么容易流产。

其实，在新闻的最后也已说明，这位失独老太打破了生育的极限，成为中国最高龄的产妇。就是说她这是创造了一个纪录。创纪录是什么概念？人类 100 米短跑的速度极限是 9 秒 58，就是说人类可以达到用 9 秒 58 的时间跑完 100 米的速度，但是，全世界能够做到这样的只有博尔特一个人。这就叫作创纪录。所以说，新闻就是新闻，它报道的是一种挑战极限的个别特例，而不是一种生活常态。事实上，不要说 60 岁了，绝大多数 40 岁以上的人试管婴儿也都是失败的，即使是在北美这种公认的医学发达的地区，45 岁以上的试管婴儿成功率只有一成。所以，千万别以为试管婴儿就是解决不孕症的神器了，它只是帮了你一小步，要想成功怀孕、分娩，更多的还是得靠自己。

— 04 —
宫外孕——怀孕路上的“小雷音”

对于准备当妈的女人来说，除了少数比较好“孕”的，碰碰都能怀上，很多人怀孕的过程堪比漫漫取经路，一路充满艰难险阻。看看前面的数据你就知道，不管你多么注意、多么虔诚，还是会有超过一半的人，可能忙活小半年也还是没怀上。其实四五个月怀不上也没什么，大可不必紧张焦虑，心理负担越大，可能效果越不好，反而放松心情之后便会迎来惊喜。不过，既然是取经之路，那么也不能太过大意，如果真的发现怀孕了，切不可被胜利冲昏头脑，千万当心碰上的别是小雷音寺，严重了也是会要人命的。这怀孕路上的“小雷音”就是宫外孕了。

一颗随时可能引爆的炸弹

有一天我下班回家，老婆正在练瑜伽，她一边扭着腰一边问我：“宫外孕是怎么回事儿？是很严重的毛病吗？”

我被她的突然发问搞得一头雾水，很多念头快速掠过脑海：她未次月经什么时候？好像半月前。来月经的时候表现和以前有区别吗？好像没有。经期有变化吗？好像没有。最近有说过肚子痛吗？好像也没有。当这些问题以“天河二号”超级计算机的速度在脑子里闪过之后，我还是没想到哪里出了问题。

“你问这个干吗？怎么了？”

老婆好像没有注意到我略带紧张的表情，还在继续那些高难度的动作：“我们头儿请假回老家了，参加他一表妹的葬礼，说是因为宫外孕。我们头儿的老家也算是大城市了，说起来医疗条件也不差，这宫外孕得有多严重，救不了吗？”

我这才舒了口气：“死在医院里？有没有开过刀？”

“没有，本来是怀了孕在家休息的，就一个人在家，发现的时候人在厕所，已经不行了。估计是上厕所的时候觉得不对劲儿的吧，都没来得及打电话叫人。”

“嗯，那看来是出血太急太快了，要是在医院马上手术没准还来得及，要是在家的话，就算打电话叫了人来，再赶到医院恐怕也晚了。”

“出血自己看不到吗？一有出血赶紧叫人啊，干吗还等到出那么多血才叫啊？”

“宫外孕的出血是包块破裂的内出血，外面看不出来，和普通的流产不一样。”

“什么是包块破裂？”

“孕囊啊，就是怀孕的组织，还没有长成人形的小胚胎。”

这不是老公没瞄准的事儿

这时候，老婆终于把身体摆回到正常人的姿势，还是一脸的不解："你说这胚胎不是都已经着床了吗，怎么又跑到宫外去了呢？"

我看她来了兴趣，打算好好给她讲一下："不是着床以后跑到宫外去的，而是压根儿就没进子宫。"

说着，我立正站好，双手握拳，双臂向两侧平举，摆好姿势以后继续解释："我的脑袋和身体躯干部分就是子宫，两条胳膊就是两侧的输卵管，两个拳头就是两个卵巢，我现在这个姿势基本就是它们的位置关系了。"

老婆看我准备给她讲课了，笑着说："还挺像。"

"你每个月卵巢会排一颗卵子出来，"说着，我配合着打开一个拳头，"然后这颗卵子会被输卵管拾取，卵子就从输卵管的最远端往子宫里游。这时候，如果遇上精子的话，就会受精，所以受精的位置是在输卵管里，一般就是在我小臂这个位置。然后受精卵一边分裂，一边被输卵管向宫腔里运送，最后种植在宫腔里，这就是着床。一旦着床了，它就不再动弹了。"

"那宫外孕就是没有送到宫腔里？"

"对。如果受精卵在输卵管的运送过程中卡壳了，还没有进入宫腔就被种植下来，那么就是宫外孕。最多的就是停在输卵管里了，但是输卵管的管壁比子宫壁可要薄多了，种子种下去是要生根发芽的，如果壁太薄的话，这根可能还没长多久就要把壁穿透了，这就是妊娠包块破裂了。"

“哦，破裂之后就会出很多血。”

“差不多。不过不同地方的破裂，破口的大小不同，出血的迅猛程度也就不一样。很多时候如果只是破一个小口，血块正好凝固堵在上头，也可能出血不那么急，还是有送医院抢救的机会的。你们头儿的表妹出血这么急，我怀疑是破口比较大，或者可能是破口的位置不好，比方说在我肩膀这个位置。”

“这种位置有什么说法吗？”

“如果我的躯干是子宫的话，那么我的肩膀就是子宫和输卵管相连接的位置，这个地方叫作宫角。这里的肌层比较薄弱，子宫、卵巢、输卵管的血管都要经过这里，所以血供很丰富，一旦破裂，出血就会非常凶猛，所以宫角妊娠破裂出血就会比较严重。”

宫外孕的症状很善于伪装

“这么严重的毛病，一开始会一点儿症状都没有吗？”很显然，相对于那些发病机制，老婆还是对临床表现更感兴趣。

“其实宫外孕的症状各种各样，书上说典型症状是停经、腹痛和阴道流血，但实际上很多人的宫外孕都没有这么典型。比方说，有相当一部分人的阴道流血症状，是出现在下次差不多该来月经的时间前后，这样就会让人误以为是来月经了，结果停经和阴道流血两个症状就全都被忽略过去了。”

“啊？那不是很危险？以后我每次来完月经还都要查一下有没有宫外孕啊？万一我把宫外孕给漏过去了怎么办？”

“不会的。说是误以为月经，绝大多数是因为没有在意，宫外孕的阴道流血和月经还是有区别的。一般量会比较少，颜色更暗一些，甚至是褐色的，好像月经总是出不来的那种感觉。也有一些量比较多的，但是时间也会更长，比正常的经期要长，总是滴滴答答不干净。除了这些错把阴道流血当月经之外，还有一些情况也很可怕，就是本来打算怀孕，可能把出血当成先兆流产了，还在那儿保胎呢。再或者就是真的没有出过血，也不肚子痛，就跟正常早孕一样，等到破裂的时候来个冷不防。我估计你们头儿的表妹就是这种情况。”

“这也太可怕了吧，都不能提前发现吗？”

“可以啊。比较好的办法就是做 B 超，如果已经测试过怀孕了，但是在宫腔里面还没看到有胚囊，而在子宫外面看到包块的回声了，那么就要小心宫外孕了。不过 B 超起码要到怀孕 40 天以后才能做出来，更早一点儿发现的办法是可以抽血化验，检查 HCG，就是测试怀孕的那个指标。如果 HCG 的值隔天能够翻倍的话，那么宫外孕的可能性就很小，基本可以放心了。”

“哦，明白了，还是得做 B 超、抽血，自己看不靠谱，还是得去医院啊。”老婆接受完我的宣教，又把腰探了出去。

其实，这些话是在平时的工作中反反复复被说了不知道多少遍的了，因为这是妇科急诊夜班最常见的疾病，而且发病率有逐年升高的趋势。现在的发病率统计是 2%，就是说每 100 个怀孕的人当中就有两个是宫外孕；而如果曾经得过一次宫外孕的话，那么再次宫外孕的风险要增加 10 倍，会达到 20%。随着网络的普及，越来越多的人对宫外孕已有所了解，尤其是准备怀孕的人更是对这个取经路上的小雷音寺擦亮了双眼。这确实挺不错，于是又有人想到是不是可以在怀孕之前就能预防一下宫外孕，如在怀孕前做一个输卵管通液检查。很遗憾，以目前的医学水平，还不能预防宫外孕的发生。输卵管通液只是检查输卵管通畅程度的方法，因为输卵管不是简单的皮管，它本身还有运输的功能，所以，即使双侧输卵管是通畅的，也不代表就不会宫外孕。而且，输卵管通液检查也只是在不孕症的患者中才进行的检查，如果刚刚开始备孕，是完全没有必要做这项检查的。

—05—

健康孕妇也可以“滚床单”

让妇产科医生来讲“大肚子”的那些事儿，可就要打开话匣子了。病房里有形形色色的孕妇、家属，人人都有故事。不过，在讲故事之前，先要介绍一下病房的环境。

和在门诊看病不同，每一个住进医院的患者，一般都不会只有一个医生来处理病情，而是一个治疗小组。这个治疗小组通常由不同级别的医生组成，从高到低依次是主任医生、主治医生、住院医生和实习医生，这些叫法就是职称的名字，不理解也没关系，你只要知道住进医院之后，就会有不止一个医生来对你的病情进行治疗，我们称之为管理患者。每个治疗小组要管理一二十个患者，组里不同级别的医生在管理患者时的职责范围也有所不同，下级医生如果碰上自己处理不了的问题，就会及时向上级医生汇报，由上级医生帮忙协助决策。所以，虽然不是每天都有主任医生查房，但是通过下级医生的病情汇报，主任医生也都会对病情有所了解，并给出处理意见。可以说，只要你住进医院了，就相当于每天都是专家门诊。医生每天的工作，要么是在病房里查房，要么是在手术室开刀，要么是在产房处理产程，要么就是在办公室里整理病历。所以，医生办公室就是患者疾病信息的集散地。

蒋玉是我们组的住院医生，博士毕业一年多，自己也怀孕了。本来住院部的工作要比门诊辛苦些，每天查房巡视患者就要来回走相当于几千米的路，还有手术要做，所以对于怀了孕的同事，一般都会安排去门诊，这样可以相对轻松一些。但蒋玉还是要留在病房，她嫌门诊太缺乏挑战性。

“门诊患者大都太常规了，还是病房工作刺激，让人兴奋。再说了，在门诊万一看着看着我这宫缩发动要生了，剩下挂了号的患者怎么办？在病房就好说了，还有你们这么多人呢，我就管我自己，走到产房去生，组里的患者就可以交给你们继续管下去了。”

其实她还是有自己的小算盘的。

怀孕 32 周了还是没熬住

有天上午，蒋玉拿着本住院病历走进办公室，边摇头边说：“你说这男人就这么忍不了吗？老婆大着肚子需求还那么旺盛，他是爽了，结果老婆破水了，现在是怀孕 32 周，肯定要早产了。”

我马上明白了，她这是刚刚收了一个新住院的患者，应该是怀孕 32 周胎膜早破了，而患者胎膜早破的诱因也被她问出来了，就是之前有过性生活。不过，在询问病史的时候，如果是身体上的不舒服，患者一般都会毫无保留地回答医生，而像这种隐私的病史，其实并不是那么容易被问出来的，所以我想听听她用了什么办法套出了这份“口供”。

“这种事儿都被你问出来了，他们就这么老实地回答了？”

“当然老实回答了。大早上起来破水的，我总要问一问诱因吧，是睡觉的时候自己就破了？他们俩就互相看看，支支吾吾说不上来，我就猜了个差不多了。就问他们是不是有过性生活了，然后他们立马承认了。”

“都还挺老实的。可是你怎么知道她破水的原因就是这次性生活呢？孕期发生性生活又不是什么错事儿。”

我此话一出，蒋玉差点儿没跳起来，眼珠瞪得滚圆：“什么？怀孕的时候有性生活还不是错事儿啊！”

“是啊，哪本教科书上说孕期禁止性生活了？”我发现她原来对孕期性生活的认识并不是很清楚，所以就一脸无辜地反问她。

“但教科书上也没说孕期鼓励性生活吧。事实上，教科书上压根儿就没提及孕期性生活的事儿。”

“那是国内的教科书。我这儿有英文电子版的《威廉姆斯产科学》，里面很明确地说，对于健康孕妇，孕期不限制正常的性生活。”

“啊？老外也太重口味了吧！怀孕了还要求人家同房。”

“你看，这就是你偷换概念了吧。人家说不限制，但不是说要求或者鼓励啊。而且对象是健康孕妇，对于孕期检查有问题或者高危的孕妇来说，也是要禁止性生活的。而对于孕期检查一直都正常的健康孕妇来说，如果有性需求了，是可以不进行限制的。”

“怀了孕还会有那方面的需求？那一定是你们男人，反正我是没想法。”

“嗯，这倒是，女性怀孕以后性欲是明显下降的。有人统计过，西方女性有60%，东方女性超过70%，孕期基本没有性生活的需求。而且男性在老婆怀孕的时候，也有一部分人性欲会下降。”

“就是啊，老婆没想法还要硬来，那岂不成禽兽啦！”

“所以啊，有些男人会在老婆怀孕的时候出轨。比方说你们家老张你就得盯紧点儿，他在普外科，多少年轻漂亮的小护士在身边张老师张老师地叫，很容易就出问题了。”

“去你的！他们普外科每天累得像狗一样，一台手术3小时，3台下来就站不稳了。而且现在人手少，要5天一个夜班，想出轨也得有时间啊！我看你嘴里就吐不出个象牙来！”

“好，那我就吐个象牙给你看看。你说这个患者胎膜早破的原因就是之前的性生活吗？”

“我觉得就是。”

“就因为破膜之前有过性生活？可是事情发生的时间先后并不等于存在因果关系啊。未足月的胎膜早破最常见的原因应该是生殖道感染，如果有了感染，就算没有性生活，可能上个厕所也会破膜。”

“嗯，也有道理，我还是给她做一个常规宫颈分泌物的细菌培养吧。先去开医嘱了。”说着她就走出了办公室。

孕妇的性事

关于孕期性生活的问题，国内或许因为受传统影响，几乎没有人会向医生提出这方面的咨询，好像孕期严禁性生活是天经地义的事情。不要说国内了，就是在西方，主动向医生提出这方面咨询的人，也不会超过 20%。好像全世界的人对于孕期性生活的问题都讳莫如深。这里就简单说说这事儿，也算是满足大家的好奇心。

根据医学文献显示，大多数女性孕期性欲是会下降的，而中国女性性欲下降比西方女性更加明显。关于西方女性的研究显示，大约 60% 的女性怀孕期间性欲明显下降，大约 30% 则变化不大；而关于中国女性的研究，目前只有香港的数据，超过 70% 的女性孕期的性欲是下降的，另外 25% 变化不大。这说明，从女性角度而言，大部分人怀孕之后对性生活的需求是下降的。而男性方面，超过 40% 的中国男性在老婆怀孕之后性欲有所下降，说明男性也是比较配合的。这是关于性生活需求方面的统计。

至于孕期是否可以有性生活，在国内的教科书上是没有涉及这方面内容的，但是国外的教科书上则写得比较清楚：如果你是一个健康的孕妇，不存在各种怀孕的高危因素，那么，在怀孕期间是不限制正常性生活的。老外确实比中国人开放啊！不过，他们给出这样的结论也是有依据的。研究近 30 年的统计结果，都没有证据显示孕期性生活增加了健康孕妇的不良结局，因此，对健康孕妇来说也就没有必要限制正常的性生活了。但是，还是要强调一下“健康”二字，如果有过早产史或者流产史，或者有胎膜早破、宫颈机能不全、生殖道感染、多胎妊娠等高危因素的，都应该避免性生活。

看了上面说的孕期性生活无害的说法，可能会触及某些深入骨髓的传统底线，难免让有些人难以接受。为了避免可能出现的误会，还是要多说一句：孕期性生活无害，并不是说鼓励孕期性生活，只是说对健康孕妇并不限制正常的性生活。如果有绕不开心里那道坎儿的，就先熬着好了，生完孩子又是一条好汉！

— 06 —
关于流产这件事儿

初次怀孕对于大多数人来说，应该是惊喜、兴奋，至少是一种愉悦的感觉，小两口在一起憧憬宝宝是男孩儿还是女孩儿，长成什么样子。但人生不如意十之八九，有时也会有不和谐的音符出现，比如流产。

流产，可以说是怀孕早期一个常见的问题，大约15%的胚胎着床后会发生自然流产，其中最常见的恐怕就是先兆流产、胎停育和习惯性流产了，这里就分别介绍一下。

先兆流产别紧张，很多人自己就好起来了

当你得知自己怀孕之后，有没有感觉小腹有时候会隐隐胀痛，像是要来例假的感觉，或者小腹偶尔有像过电一样的轻微刺痛，或者偶尔有些腰酸、疲劳感？别怕，这些一般都不是先兆流产。

先兆流产，顾名思义，就是还没有真正地流产，而是流产之前的一个过程。运气好的话，先兆流产好转，就可以继续妊娠下去；运气不好，病情继续发展，就不只是“先兆”，而是真正的流产了。

那么什么样的症状是先兆流产呢？通常会有少量的阴道流血，比平时月经量要少，而且颜色偏暗，或者只是白带中带些血丝；另外，会有阵发性的下腹胀、下腹痛或者腰背部的酸痛。如果到医院检查的话，会发现宫颈口还处于闭合状态，B 超检查显示胚胎的发育和停经月份相符合。

有不少人一怀孕就喜欢测黄体酮，心想这黄体酮至关重要，一定要越高越好，如果测出来的值比别人低，就担心自己是不是要流产了。孕激素确实是怀孕所必需的，但是，究竟多高才算安全呢？医学上没有严格的标准。有些人测了黄体酮值，觉得不够高，就开始吃药保胎，这就更没有必要了。目前医学上的共识是，只要没有什么症状，B 超检查可以看到胚胎心搏，那么就没有必要检查黄体酮。

如果出现了先兆流产的症状，先不要紧张，有千千万万的孕期姐妹都有和你差不多的经历，大部分人后来都好起来了，所以精神上先放松，然后卧床休息，严禁性生活。注意观察症状变化，如阴道流血量、腰酸腹痛的程度，或者有没有什么东西经阴道排出来。休息一段时间后，尤其是超过一周症状改善不明显，那么更建议复查 B 超，了解胚胎发育情况。

那么怎么保胎呢？保胎的事儿咱放到后面再说。

一次胎停育不会妨碍你的造人计划

所谓的胎停育，是一种通俗的说法，就是随着停经月份的增加，胚胎停止发育了，一直就是一个空胚囊冒不出胚芽；或者冒出胚芽却一直没有胎心搏动；或者之前有胎心搏动，后来又消失了。大多数胎停育的情况在医学上被称为稽留流产，就是实际上已经流产了（胚胎已经停止发育），但是停止发育的胚胎却一直滞留在宫腔中没有排出去。

怎么发现胎停育呢？比较困难。有些人的表现和先兆流产很像，少量的阴道流血和轻微的腹痛，还有很多人压根儿没有任何症状。我老婆的一个闺密，怀孕两个多月，和我老婆通电话的时候说，自己的早孕反应时间好像特别短，不到一个月，前两天突然就消失了，一点儿恶心的感觉都没有了，人感觉很舒服。出于谨慎，我建议她去做个 B 超检查，结果显示胚胎的心搏消失了。也就是说，短期内早孕反应突然消失，有可能也是胎停育的一种表现。

一旦发生了胎停育，说明流产已经发生了，是不可能挽回的，只是胚胎还没有排出宫腔，那么下一步就只好做清宫手术了。所以，在胎停育的处理方法上，也没什么好选择的。更多人关心的是，为什么会发生在我身上，以及下一次怀孕该如何预防。

关于早孕期流产的原因，最多的就是胚胎本身的染色体异常，有超过一半的早期流产是这个原因，甚至有统计显示其占到 70%。有人说我和我老公都是正常人，家里也没有遗传疾病，怎么会怀上染色体异常的胚胎呢？父母中有染色体异常遗传给下一代固然是一种原因，但更多的可能是其他的环境因素，怀孕早期不经意间接触到了化学制剂、药物或者放射物，使受精卵在分裂的时候出现了突变。另外，孕妇怀孕时的年龄也是一个独立因素，年龄越大，尤其是超过 35 岁，即使非常注意，胚胎发生染色体异常的风险也比适龄产妇要高。除了胚胎本身的因素，还有一些母体的因素，如内分泌的原因、免疫方面的原因、感染或者生殖器官的异常等。

如果只是发生了一次自然流产，在实施下次造人计划时大可不必心惊胆战。自然流产也没法做到非常好的预防，下次备孕和怀孕初期，尽可能地避免接触致畸环境和药物就可以了。就把那次不愉快的经历当作一次偶发事件忘记吧，大多数人（超过75%）下一次怀孕就正常了。比如我老婆的那个闺密，经历过一次胎停育之后，后来也正常怀孕的，现在宝宝已经一岁多了。

面对习惯性流产要坚强

确实，也有少数女性，经历过一次不愉快的自然流产之后，又经历了第二次、第三次，给以后的生活带来了巨大的压力。医学上把有三次或者三次以上自然流产的情况称为习惯性流产，它的发生率在1/300～1/100。

发生习惯性流产和偶尔一次自然流产的原因是差不多的，只是各种原因所占比例不同。如果一次自然流产，有可能是胚胎自身问题，如染色体异常；但如果总是自然流产，那么胚胎自身原因所占的比例就会有所下降了，除非父母亲本人也有染色体的问题。在习惯性流产的患者中，子宫异常的比例增高，如纵隔子宫、子宫黏膜下肌瘤等，同时免疫因素所占比例上升。对于习惯性流产的治疗，关键在于寻找原因，不过遗憾的是，在习惯性流产治疗方面的进展一直比较缓慢，且不说有不少情况是找不到原因的，还有些情况，就算找到原因了，现在的医疗水平却还是无能为力。

其实，习惯性流产对患者的打击，更多的是心理上的。俗话说，再一再二不再三，当有三次自然流产的经历之后，即使是找到了病因，进行了针对性的治疗，下次怀孕的时候，紧张情绪也还是在所难免，这真的是人之常情。

在这里再说一个医学上的统计数据，即使是有三次自然流产的经历，第四次怀孕发生流产的可能性也是小于 1/3 的，就是说有超过 60% 的习惯性流产患者，下一次怀孕就成功了！虽然说“未曾深夜痛哭过的人，不足以谈论人生”，和正在经历习惯性流产的患者的心理压力相比，数据总是苍白的，但是，希望这些数据可以给你内心一点儿支持。

真的，大部分早孕流产没必要保胎

风靡一时的电视剧《甄嬛传》里，很多重要事件都是围绕一个话题展开的——怀孕！后宫嫔妃们为了让自己怀孕、让别人流产，祭出各路法宝，要么可以保胎，要么可致流产，相生相克，好不热闹。此剧播出的时候我老婆也在怀孕，情绪本来就不大稳定，看了这些情节后更是疑神疑鬼，很严肃地咨询我这些药物的功力。我说就算是打胎药有那么灵吧，这保胎药的功效还真不一定有那么强呢。

可能是受传统中医的影响，也可能是出于对肚子里宝宝的关爱，很多孕妇怀孕之后，不分青红皂白，就想先来一副保胎药，好像胚胎靠自己着不了床，得靠着保胎药像502万能胶一样给粘到子宫上。这怀孕不是生病，它就像吃饭睡觉一样，是生理现象，如果正常怀孕了，绝对没必要用保胎药！

好吧，就算怀孕是正常的生理现象吧，就算正常怀孕不用保胎吧，那如果发生先兆流产了呢？都已经可能要流产了，这总不是正常生理现象了吧，这总应该保胎了吧？

绝大多数情况下，也不应该！

前面已经讲过，如果早孕期自然流产的主要原因是胚胎本身的染色体异常，那就说明胚胎有问题，此胚胎没有能力发育成正常的胎儿，于是就会流产，这其实是一个自然淘汰的过程。这种情况何必要去保呢？费了半天劲儿，就为了保下一个有先天缺陷的胚胎吗？显然，这种情况是没有必要保胎的，而且这种情况占早孕期自然流产的大约70%。更重要的是，如果你保胎的话，也不知道自己是不是正在保一个染色体异常的胚胎。

可能有人会觉得，胚胎是不是异常现在不好说，但是以后还可以做染色体检查，如果有问题还可以再引产。但是，如果胚胎本来是正常的，现在不用保胎药，那不就留下遗憾了吗？听上去有些道理，那么就再来看看保胎药吧。

现在医院里用得最多的保胎药就是孕激素，通常是黄体酮。理论上讲，黄体酮保胎只是补充相应的激素，只针对内分泌原因，而这种原因造成的流产，只占了不到5%。是的，你没看错，比例非常低，100个人当中，只有不到5个人是因为内分泌原因，即黄体酮不足而造成的流产，这些人用黄体酮保胎是有效的，其他人无效。

你可能会说：咦？不对啊，医院里好多先兆流产的人都配了黄体酮，而且用黄体酮保胎成功的远不止5%吧？是的，远远超过5%，只不过超出来的这些人，即使什么药都不用，也照样可以保胎成功。因为根据医学上的统计，有先兆流产症状的人占怀孕总数的30%～40%，是远多于最终实际发生流产的人的，她们中的大多数，不过就是有了这么一个症状而已，休息一段时间之后，也就好起来了。这段时间里，打消顾虑、放松心情非常重要，而黄体酮，其实就是充当了安慰剂。

所以，国际权威的妇产科学教科书《诺瓦克妇科学》中明确指出：目前尚无有效治疗先兆流产的办法，不应该使用黄体酮或镇静剂，而应该向所有患者提供咨询，消除顾虑。

至于其他花样百出的各种保胎药，就都省省吧。你要相信肚子里的宝宝，他若健康，你不用保，他也依然可以茁壮成长！

— 07 —
孕期用药很纠结

整个孕期九个多月，难保没点儿小病小灾的。得病了就要考虑吃药的问题，而怀孕以后再用药，就不得不考虑会不会对孩子产生什么不良影响。

吃饭比吃什么药都强

猴子嫂刚怀孕的时候，就碰上件麻烦事儿。

那天猴子哥又打电话来了："顺子，上次幸亏听了你的话，没去瞎折腾，你嫂子现在怀上啦！"

"哈哈，我就说吧，没必要担心。"

"现在又出新问题了，不担心不行啊。"

"又怎么了？"

"你嫂子前段时间感冒了，吃了片感冒药，现在发现怀孕了，是不是会对孩子有影响啊？"

"什么时候吃的药啊？"

“月经过了半个月吧，我估摸着就是那个时候怀上的。”

“哦，那药是没什么问题。如果那个时候吃药产生影响了，一般这次就怀不上了，一旦怀上了就说明药物没产生影响。不过现在早孕期比较敏感，要让嫂子注意点儿，别再感冒了。”

“不是说好多药对孩子有影响吗？我查了查那个药的说明书，写的可是孕妇慎用啊。”

“没关系，就算是可能有影响，也不至于为了这一颗药，就把孩子打掉吧。再说了，你吃药的时间比较早，如果有影响直接就会流产了，没有流产就说明没产生影响。”

“那好，既然你都这么说了，那我就放心了。那现在怀上以后，要再吃点儿什么保胎药之类的吗？”

“哎呀，猴子哥啊，你刚说了好多药对孩子有影响，之前吃了颗感冒药就紧张得不行了，现在怎么马上又开始讨药吃了？”

“保胎药不一样啊，那是保胎的啊。”

“人家好好的你保什么胎啊？保胎药就不是药了？是药三分毒，保胎药也有可能对孩子产生影响啊。”

“啊？保胎药也有影响？有影响还能叫保胎药？”

“对啊，所以说怀孕前 3 个月尽量不保胎，只要胚胎够健康就没问题，真的要流产了，那多半也是胚胎本身有问题了，你保了反倒不好。”

“哦。你嫂子现在倒是没什么异常情况，那就不用吃药了是吧？”

“吃点儿维生素吧，补充一下叶酸，可以预防孩子的神经管畸形，其他药就都不用了。”

“哦。叶酸已经在吃了，其他就不用补了吧？”

“不用了，吃饭！多做点儿有营养的，吃饭比吃什么药都强！”

“感冒”可能比“感冒药”更危险

猴子哥的担心还是有一定代表性的，不少人刚怀孕的时候没有注意到，结果不小心吃过几片药，当得知自己怀孕之后，就开始各种纠结，不知道对这个孩子该怎么办。

其实药物也是分类的，不是说怀孕了就什么药都不能用了。医学上把孕期用药分成 A、B、C、D、X 几类，具体可以看下面的图表。

孕期用药分类

分类		安全性
A 类	有证据证明孕期服用是没问题的	安全
B 类	没有证据证明有问题	安全
C 类	动物实验对胚胎有致畸作用，但是没有明确人类实验的数据	权衡对母亲的获益度，看是否应用
D 类	有证据证明对胎儿可能有危害	除非为了挽救母亲生命，否则一般临床禁用
X 类	有实验证实对胎儿有危害	禁用

除了药物分类，还有一个就是孕期用药的时间问题。怀孕时间是很长的，不同时间用药的影响也不一样。着床 14 天以内，如果药物发生影响，那么会直接作用到胚胎细胞上，造成胚胎的直接死亡；或者是影响的细胞不够多，而不会有什么严重后果。这在医学上被称为“全或无”的效果。猴子嫂就是这种情况，所以我说，要么就是这次没怀上，如果成功怀上了，那么就说明药物没有什么影响。而着床 14 天到 3 个月，这段时间是各系统分化的时间，如果有影响，那么是致畸最严重的时间点，所以一般认为怀孕前 3 个月是致畸的敏感时期；3 个月以后，各系统分化基本结束，就剩发展长大的过程了，这个时期的致畸作用又有所下降。

所以，如果孕期不小心用了什么药物，或者将要服用什么药物，先不要担心，可以找专业医生咨询一下，判断可能会造成的影响。

另外，我还特意向猴子哥强调，尽量注意别让猴子嫂再感冒了。因为感冒这件事对胚胎的影响，恐怕不比药物来得小。因为，感冒的原因大多数是病毒感染，而且，很多种病毒感染的时候，人体的表现和感冒差不多，医学上称之为“感冒样表现”。所以，如果鼻塞、头痛、发烧，看上去像是感冒了，但实际上不一定是感冒病毒引起的，而可能是其他什么病毒微生物，这些微生物可能会对胚胎造成影响。女性怀孕之后，免疫力会下降，所以刚怀孕的时候要当心，尽量不要感冒。

—08—
舌尖上的孕妇

看各种影视剧，如果年轻的育龄期妇女做出了干呕的动作，那么基本就是在告诉观众，这姑娘怀孕了。表示怀孕的方式可以有很多，比方说拿着两道杠的怀孕试纸，或者告诉观众自己两个月没来月经了，不过这些方法确实都没有干呕有气势。我老婆怀孕的时候，早孕反应比较明显，有一次她提出要去吃以前非常爱吃的疙瘩汤。我们来到饭馆，刚进门没半分钟，老婆就“呕”的一声，捂着嘴扭头跑出饭馆。看到这一幕，饭馆服务员都惊呆了，半晌冒出一句：“什么情况？”我估计他们以为我老婆是仇家派来砸场子的吧，一进门就做呕吐状，纯粹就是来恶心人的啊。我赶紧赔笑脸：“不好意思，不好意思，怀孕了。”然后灰溜溜地跟着出去了。你看，这种视觉冲击力，观众自然印象深刻。当然了，还有一个原因，就是早孕期的恶心呕吐反应，是怀孕前 3 个月最常见的症状，被称为早孕反应。

孕早期反应不重没关系，能吃就行

早孕反应的知名度还是比较高的，大多数人都知道怀孕以后会有恶心呕吐的反应。不过，并不是所有人都会有这种症状，即使没有早孕反应，只要胚胎发育正常，也不是什么坏事儿，起码自己舒服了不是？大多数人的早孕反应不是很严重，只是干呕，不至于吃什么吐什么。只要还吃得进东西，通常是不用特殊处理的，只要少食多餐，挑自己喜欢、合胃口的东西吃就可以了。一般十三四周之后，症状都会自行消失。还有小部分人的早孕反应非常严重，不光食水不进，还呕吐得厉害，这种情况就应该到医院去检查一下，看看是不是有脱水、电解质紊乱的情况。严重的早孕反应医学上称为妊娠剧吐，有些是需要住院治疗的。

大多数人的早孕反应只是孕妇的一些比较轻的恶心呕吐症状，吐的东西也不多，通常问题都不大。但是，这确实不是一种舒服的体验，因为它除了让人感觉不适之外，还严重影响食欲。在孕妇和家属眼里，吃，绝对是一件大事儿！亲戚朋友里但凡有怀了孕来找我咨询的，个个都要问的一个问题就是：怀孕期间吃东西有什么讲究？

关于孕期饮食营养方面的书籍，种类实在是不少。很多书里还列出各种图表，向孕妇介绍几大营养素、各种食物所含营养物质数量、孕期各种营养物质需求量的变化等。这些内容有来源、有数据，科学而且专业，只是有一个问题——不实用。我刚吃了一个煎饼果子，你能说说这里面有多少热量、多少蛋白质吗？我今天接下来还要怎么吃啊？孕妇可能更关心的是这些。即使你报出的数据再详细，恐怕也不一定能解答得了这些问题。

那么孕期饮食到底该注意些什么呢？这可是个大学问，控制得不好，对以后的分娩都会有影响。

孕期饮食的几个重要原则

我个人认为，饮食上最大的原则应该是杂食，专业术语说叫作注意膳食平衡。医生说吃鱼好，可以补充优质蛋白质，那我就光吃鱼；医生说吃新鲜蔬菜好，可以补充维生素和微量元素，那我就只吃蔬菜。没有哪种食物是可以包含人类所需的全部营养的，吃饭不是吃药，各种食品都应摄取一点儿，相互补充，才有助于满足人体对营养物质的需求。

当你吃的种类多起来了，那么每种食物摄取的量其实也就不会很多了，而且，还有个比较重要的原则就是少食多餐，可以一天吃五六顿饭。但是，这个原则经常会被扭曲，很多孕妇只是做到了多餐，而没有少食。很多人怀孕中后期胃口很好，每顿饭都照常吃，甚至饭量有增无减，然后还会再加点儿水果、零食之类的，这样每天吃好几顿，每顿的量却不控制，结果造成了体重增幅过大。少食多餐可以减轻消化系统的负荷，就好像让你一口气跑 1000 米会气喘吁吁，但是如果让你分成 5 次，每次只跑 200 米，那么你可以轻松做到。少食多餐差不多就是这个意思，但是总量不能因为多餐而增加。另外，老人常说的“管住嘴、迈开腿”对孕妇也同样适用，尤其对 GDM（妊娠期糖尿病的英文缩写）的孕妇，每天适量的户外活动是有好处的。别觉得妊娠期糖尿病离你很远，以目前的诊断标准，发病率大约在 20%，就是 5 个人里面有 1 个。而且，就算你不是妊娠期糖尿病，孕期对胰岛素的敏感性下降，本身就有高血糖倾向，控制饮食、少食多餐、适量运动是有好处的。

再一个重要原则，就是重视体重的管理。现在很多女性平时很注意身材，每天都在说要减肥，但是一怀了孕就放开了吃，觉得吃得多营养才够。其实，营养在于平衡，不是说你吃得多了就有营养了。而且，很多情况下，让你胃口很好的东西，不见得就是很有营养的东西，它们可能更多的只是提供了糖类和热量，而这些其实是营养物质中最廉价的，很多食物都可以提供，而且孕期也大可不必增加很多。孕期体重增加多少算好呢？当然也要看你怀孕前的身材体形，如果孕前就偏胖了，那么孕期的体重增加就要减少一些；孕前偏瘦的话，孕期体重就适当多增加一些。以中国人的体形，育龄期妇女肥胖的还是占少数，这个肥胖是指 BMI 大于 26，就是体重除以身高的平方，单位是 kg/m^2。这么算起来，身高 1.65 米，体重可以到 140 斤，大部分中国年轻女性都不会超过这一标准。而如果 BMI 小于 19.8，则认为体重偏轻，相当于 1.65 米的人体重不到 100 斤，这种女性孕期就要适当多增加点儿体重了。对于 BMI 在 19.8 ~ 26 的大多数人来说，孕期体重总的增加量控制在 23 ~ 32 斤是比较好的，数值还是比较好记的。而每周体重的增加，早孕期比较少，整个早孕期的增量在 2 ~ 4 斤；而妊娠中晚期，每周的体重增量在 5 两到 8 两就差不多了，记起来也很容易，“半斤八两”嘛！

还有个原则，就是让孕妇吃她爱吃的东西！这句看上去像废话，但是，有些人因为过于强调“营养”，而忽略了孕妇的胃口。孕妇已经不是小孩子了，不至于有严重的偏食，但是她们有自己的口味偏好。有些家属就很着急，说医生推荐的好东西，孕妇好像不是很感兴趣，有些会吃，有些就不爱吃。不爱吃就少吃呗，食物不是药物，没有不可替代性，不喜欢吃馒头可以吃米饭啊，中国的食品种类如此丰富，何必过分强调某一种呢？尤其是早孕期，不少人有恶心呕吐的早孕反应，这种时候，也不用太在意营养均衡了，能吃进去就是胜利了，所以，就拣着孕妇爱吃的东西做点儿，对胃口最重要。

食物的挑选方面，别为“忌口”瞎操心

前面已经强调了，饮食的关键在于杂，不是说医生给你推荐了什么你就光吃什么，没推荐的就不碰。医生推荐的食物，通常是所含营养物质种类比较多，而且又是孕期需求量比较大的，比如牛奶。这是孕期非常好的一种饮料，甚至有些研究机构推荐孕妇每天喝 1 升牛奶。再有就是鱼虾、肉类、蛋，含有比较丰富的优质蛋白和微量元素，而且是比较容易吸收。当然，有些人对海鲜过敏，或者是素食主义者，那么，如果你肯喝牛奶的话，一般也可以获得足够的营养物质。还有新鲜的蔬菜水果，对提供微量元素和维生素帮助很大。另外有粗粮，如玉米、地瓜、谷物之类，可以提供比较多的微量元素，而且对保证孕期大便通畅很有帮助。因为孕期激素的原因，胃肠道蠕动是受到抑制的，所以不少孕妇大便不是很通畅，适量地食用粗粮会有好处。而且，粗粮中的糖类不是很容易被吸收，既可以填饱肚子，又不会让体重增加太多，是妊娠期糖尿病孕妇的首选主食。

说完推荐的食品，再说说所谓的禁忌。可能受中医影响，中国人很喜欢谈论饮食禁忌，怀孕之后就更要注意了。不过，在营养专家眼里，他们认为在指导饮食的时候，应该强调进食哪些食品，而不应该

把重点放在禁止摄入哪些食品上。尤其在孕期，强调食谱的广和杂，就更不会强调所谓的饮食禁忌了。比如，有人说孕期禁食螃蟹、荔枝之类，会流产。你想一下，那些意外怀孕的人，害怕手术，想要药流，结果吃了药之后，还有至少 10% 的人流产失败。这可是吃药啊！如果吃个螃蟹、荔枝就能流产了，那以后谁还怕意外怀孕啊？意外怀孕怎么办？太简单了，来斤荔枝、两只大闸蟹，既饱了口福，又顺利流产，还没副作用，那以后没人避孕了！孕期饮食，种类要多，但是每种都不一定要吃很多，再好的东西你猛吃，也会出问题。不过，饮食上也确实有些需要注意的地方。比如，应该尽量避免食用半生的牛肉、鸡蛋、贝类和生鱼片，还有未经消毒的牛奶。因为这些食品可能是李氏杆菌的感染源，可以导致很差的产科结局，如胎死宫内。半生的牛肉，那么吃牛排要注意了；另外生鱼片也要尽量避免。吃货们也甭和我争论所谓食材来源，这些是写入《牛津妇产科学手册》教科书的，其实不就是熬个孕期、哺乳期吗？忍一下，也就那么一年多的时间而已。

最后把酒单独列出来，是为了强调孕妇最好不要喝酒。不管酒的种类，红星二锅头也好，人头马 XO 也好；不管你平时酒量如何，“三种全会”也好，千杯不醉也好，孕妇最好不要喝酒，一滴也别碰。因为酒精不是孕期所需的营养物质，而且是有证据的致畸物。虽然具体的致畸剂量目前还没有定论，但是，就这么一个一点儿好处都没有的东西，你喝它干吗！

孕期饮食的常见误区

不要以为不吃糖就是控制饮食了。糖类广泛存在于各种食物之中，你吃进去的淀粉也是糖类，虽然你没有直接吃大白兔奶糖，但是你吃的馒头里糖分含量也不少。孕妇都是成年人了，有几个整天嚼着喔喔、佳佳的啊，大多数是“不经意间”吃进去的。比如，有医生推荐吃新鲜水果，于是就每天可劲儿吃苹果、桃子、梨，你觉得是在补充维生素，其实补的最多的是糖！一般认为，孕期水果的摄入，每天大约一个苹果的量，而不是越多越好，因为维生素也不是就水果独有的，而水果吃多了糖分就太多了。

“怀孕少喝水，否则会水肿。”其实，是不是水肿和肾功能有关系，当然，孕晚期有人也会有一点儿生理性的水肿，但这大都和喝水没关系，限制水的摄入，不会避免水肿的发生。所以，孕期不要人为限制饮水。

怀了孕是大事儿，有些人为了不让孩子输在起跑线上，怀孕期间各种进补。其实，大多数营养物质，孕妇都是可以通过饮食摄入的。只要可以正常进食，食物充足的孕妇，通常不用再额外补充过多的物质。所以，一些孕妇一怀孕就要补这个补那个，真的没有必要。但是，也确实有几种营养成分，因为孕期的需求量明显增高，而食物中可以摄取的量可能不能满足需要，所以需要额外补充。目前比较明确的，一个是叶酸、一个是铁。

孕期的饮食和体重控制确实是一门学问，目前很多研究都想知道孕妇孕期理想的营养物质摄入是怎样的。很多医院也开设了孕期的营养门诊，对每日膳食进行指导。不过，人毕竟不是机器，你不能像给汽车加油一样去控制一个人的生活饮食，你不能每天做饭都拿个天平称着炒菜、倒油、搁盐，希望这些大方向上的建议，对准妈妈们的孕期饮食有所帮助。

第三章 孕期风险早知道

怀孕是一个生理过程，就像吃饭睡觉一样，所以怀孕之后要放松心情，不必太过紧张焦虑。但同时，怀孕也是一个特殊的生理过程，在这个时期，女性身体发生了一系列改变来适应孕育胎儿这项任务。有些人觉得自己平时身体很好，怀孕以后也不是太当回事儿，这是容易出问题的。所以，用老一辈无产阶级革命家的话说就是，对待怀孕这件事儿，要在战略上藐视它，在战术上重视它。既要放松心情，不至于太过紧张，又要按要求进行孕期产检，出现问题及早发现。

— 01 —
都是糖尿病惹的祸

住院病房里的医生，工作时是一个团队，平时更像一个大家庭。

上一次讲到住院病房的医生要分成不同的治疗小组，每个小组里有不同级别的医生。这里的医生级别，和一些行政单位里的级别差别很大。主任医生、主治医生、住院医生，这是职称上的区别，当然了，也代表了年资上的差距，但是，大家都参与一线的医疗工作，不管职称高低，大家都是一条战壕里的战友。就好像虽然你是连长，但是在前沿阵地上，也照样和普通士兵合抽一根烟，级别的高低不会影响战友间的情谊。所以，虽然正式场合，比如，开会或者当着患者面教学查房的时候，都是张医生、李医生地称呼，但是平时在办公室里，更多的都是以兄弟相称。比方说，比我年资高的叫我顺子，年资比我低一些的就叫我鸡哥，大概是鸡哥比顺哥更有气势些吧。我们另一个小组的主治医生更有意思，他叫陈小春，比我早工作好几年。上大学的时候正值《古惑仔》系列流行，所以他就有了“山鸡”的外号，并一直延续到工作以后。一直到 2005 年，“超级女声”横空出世，于是陈小春就有了现在的外号——春哥。甚至连他们组的主任也这么称呼他，大家都说“信春哥，得永生”。

孕妇请客吃甘蔗啦

有一天，怀了孕的蒋玉买了甘蔗、草莓请大伙吃，同时高调宣布：“姐OGTT 通过啦！”这 OGTT 不是什么资格考试，而是检查糖尿病的一种试验，称为口服葡萄糖耐量试验。方法是在怀孕 24 ~ 28 周以后，孕妇空腹喝下含有 75 克葡萄糖的糖水，分别抽取空腹、服糖后 1 小时、2 小时静脉血，检测血糖含量，用以诊断妊娠期糖尿病。蒋玉说的 OGTT 通过，指的就是这 3 个血糖指标全部正常。

“嗬，OGTT 通过了就请吃甘蔗啊，你也忒嘚瑟了吧！”我边吃着草莓边奚落蒋玉。

“那当然了，没有妊娠期糖尿病我骄傲啊！之前我可担心了，就怕自己糖尿病了，要严格控制饮食，这也不能吃，那也要限制，让我这么一个吃货情何以堪啊！”

“那你就打算天天啃甘蔗了？”

“好了，鸡哥，我懂，就算不是妊娠期糖尿病，我也不会敞开了吃啊，孕期的饮食控制原则我还是知道的。就是今天做了 OGTT，结果出来实在是高兴啊，情不自禁要放纵一把。其实我这也就是叫花子挠痒痒——爽一下算一下吧，吃了这次以后就不敢再吃了。都请你吃水果了，你就别那么多废话了吧！”说着，蒋玉狠狠地咬了一口甘蔗。

可能有人会不解了，不就是没有得糖尿病吗，至于这么兴奋吗？

恐怕还真至于，因为妊娠期糖尿病的发病率实在太高了。以目前的诊断标准，大约20%的孕妇可能被诊断为妊娠期糖尿病，每5个孕妇当中就有1个是糖尿病，这是一个非常可怕的发病率。当然了，这么高的发病率，和现行的诊断标准是分不开的。要是用过去的诊断标准，恐怕妊娠期糖尿病的发病率还不到10%，换了新标准，发病率就直接翻倍了。因为新的标准更加宽松，标准值定得更低：同样的血糖值，放在5年前就是正常的，但是现在可能就是糖尿病了。

其实，专家组在开会制定诊断标准的时候，不同的专家之间分歧也很大。一方认为，把标准定得太过宽松，就会有更多人被诊断为妊娠期糖尿病，那么就会有更多孕妇在孕期被进行干预，对于一些孕妇来说可能有治疗过度之嫌；而另一方认为，随着国内环境和饮食结构的变化，糖尿病的发病率确实是升高了，而且影响也增大了，如果还是用过去的标准，很多本来是糖尿病的患者会因为漏诊而得不到应有的处理，从而影响妊娠结局。经过反复争论修改之后，专家组最终还是达成了一致，制定了目前现行的这一诊断标准，以此为依据排查妊娠期糖尿病。虽然新的标准比过去宽松了，但是因为医学干预主要通过饮食控制和运动锻炼，而非药物，因此也有利无害。

不管对糖尿病的诊断标准态度如何，在有一点上，所有专家的意见是一致的，那就是，无论怎样的诊断标准，一旦诊断出了妊娠期糖尿病，就应该给予足够的重视，采取必要的干预措施。

专家和医生为什么会对妊娠期糖尿病如此重视呢？那就要看一下妊娠期糖尿病会对怀孕带来哪些影响了。

产科夜班就是一个江湖神话

妊娠期糖尿病对怀孕最大的影响就是容易造成胎儿过重。医学上把出生体重超过 8 斤的宝宝称为“巨大儿”，其实都不用到 8 斤，宝宝 7 斤左右的分量，妈妈生起来就够费劲儿的了。而有糖尿病的妈妈生的宝宝，还胖得有个特点，就是脑袋不是特别大，但是身上的肉特别多。你可能会想，这样的宝宝肥嘟嘟的，多可爱啊。先别卖萌了，这哪是可爱啊，根本就是可怕！

在蒋玉庆祝 OGTT 通过的“甘蔗宴”上，她给我们讲了自己刚开始独立值夜班时的一次险情。

在我看来，人类所有的工作中，论工作强度、紧张程度和心理压力，产科夜班绝对可以排到前三名。忘记在哪本书上看到的，说斯巴达人是天生善战的民族，男人个个都是优秀的战士，他们无论什么时候从睡梦中醒来，都可以马上拿起武器投入战斗。当时读到这一段，我颇感震惊——“无论什么时候从睡梦中醒来”，我那时可是闹钟都要响三遍还睁不开眼睛呢，那得是怎样的意志和战斗力，才能做到“马上拿起武器投入战斗”啊！直到后来，我做了妇产科医生，值了产科夜班，我懂了：对于一个妇产科医生来说，产科夜班就是江湖中的一个神话，一个你逃不掉的轮回！

每个值过夜班的医生都深有体会：黑夜的时间总是要比白天长。而且，夜班的值班人手肯定比白天要少，更要命的是，产妇的产程也似乎更容易在晚上发动。产科医生的每个处理，都至少要涉及一大一小两个生命，所以，产科的每个夜班，在医生看来都像是一场战斗，而且是一场惨烈的战斗。因为每次夜班结束之后，你高度绷紧的神经突然松弛下来，就会有一种灵魂出窍的感觉，甚至都不知道自己是怎么拖着疲惫的身躯回到家的，正如一场惨烈的战斗结束那些幸存的战士们的感受。

产科值班医生也分级别，我们称一唤二唤三唤，也有医院称一线二线三线。一唤医生就是在最前线的，所有患者的大事小事都会向他反映，由他判断处理，如果感觉自己处理不了，就向上级汇报。而产科夜班的主战场就是产房，那里是产科医生和助产士的阵地。所以，一唤的主要任务就是“守产房”，像战士镇守阵地一样守卫在产房里。通常情况下，从下午 5 点到第二天早上 8 点，一唤是没有机会合眼的，他的全部时间会被产程处理、接生和手术占据。当然了，也有运气好的时候，可能哪天产房会有点儿空闲，一唤竟然有时间躺一会儿，不管是椅子上也好、推车上也好，起码身体和大地平行了，这就是上天最好的眷顾了。不过，这时候也需要你练就一身斯巴达战士那样的神功——可以随时随地睡着，而“无论什么时候从睡梦中醒来，都可以马上拿起武器投入战斗”。有的人就没有这本事，大多数人精神紧张的时候是根本睡不着的，还有的从睡梦中被叫醒后浑身不自在，所以即使碰上有点儿空闲的夜班，也只好通宵不睡。

蒋玉就是那种睡不着觉的人，不过她觉得，如果能躺着也算不错了，就算睡不着也能歇歇。

宝宝太胖可不是什么好事儿

有一次，就是蒋玉刚独立值夜班不久，值一唤班，守产房。后半夜逮了个空当，跑到产房值班室床上躺下了。闭上眼睛还没多久，手机就响了，蒋玉摸起电话，不忍心完全睁开眼睛，只是微微抬起眼皮按了通话键，自己嘴里的“喂”还没说出去，就听到电话那头护士已经变了音的尖叫声：“蒋玉，快！肩难产！”

肩难产！这三个字足以彻底唤醒所有睡梦中的产科医生，蒋玉都没挂电话，就从床上跳下来，结果一不小心还摔了一跤，用她的话说，她是连滚带爬冲进分娩室的。

分娩室里已经围了不少人了，有新生儿科医生在准备抢救器械，有护士在连接吸氧管。接生台上，产妇在抱着大腿向下用力，脸和脖子憋得通红，宝宝还只有脑袋露在外面，身子都还在阴道里。台上已经上了两个助产士，一个在保护会阴，另一个拉着宝宝脑袋往外拔。

一看这情形，蒋玉马上冲到接生台前，问助产士：“侧切了吗？”

“切了。”台上助产士回答。

接着，蒋玉在产妇耻骨联合上方用力往下按，同时指挥护士：“快，你们过来帮着一块儿往上屈大腿！都肩难产了，你就别保护会阴了，帮忙一块儿先把孩子拔出来再说！”

大家忙活一阵，宝宝身子还是没出来。蒋玉更着急了：“手套给我！赶紧帮我给二唤打电话，继续叫人！”

蒋玉麻利地戴好手套，一只手伸进阴道里勾宝宝肩膀，另一只手继续在耻骨联合上方用力往下按。

这一招终于有效了，用蒋玉的话说，她也不知道是怎么把宝宝抠出来的，只是感觉自己伸进阴道里的两个手指头都快被挤断了。

“宝宝生出来有8斤2两！浑身都是肉啊！不过，我运气算不错了，宝宝只是锁骨骨折，而且后来随访复查也完全康复了。新生儿科的医生抢救复苏的宝宝也哭出来了，两个胳膊的神经也没损伤，就连产妇的会阴都没有裂得非常严重，肛门括约肌还是完整的呢。”蒋玉一边啃着甘蔗，一边做最后的总结。

“那你们之前没发现胎儿比较大吗？”

“肚子是有点儿大，不过那是个经产妇啊，第一胎7斤生得很顺利，而且这一胎B超查的双顶径也不是很大。其实，我知道这个人是妊娠期糖尿病，所以之前已经关注她了，如果产程进展有问题可能就给她做剖宫产了。但是，在胎头出来之前，整个产程都一直特别顺利，像教科书一样顺利！要不然，我也不会去躺着啊！”

“确实防不胜防，这就是妊娠期糖尿病啊！”

听我说出这几个字，蒋玉本来放进嘴里的甘蔗停了一下，然后她看了我一眼，狠狠地咬了下去：“我就今天吃这一回吧！”

蒋玉碰上的这惊心动魄的一幕就是肩难产，通俗点儿，就是宝宝的头生出来了，但是肩膀卡住了。这对母婴双方都有巨大风险，对产妇来说，产道裂伤风险大大增加；而对宝宝来说影响更大，像上面说的锁骨骨折、臂神经损伤，还可能会有颅内出血、新生儿窒息，甚至胎心消失的状况。肩难产可能很多产科医生都碰上过，这事儿怕就怕在之前可能毫无征兆，让你完全无法预测；而且不仅仅是巨大儿会发生肩难产，正常体重的胎儿也会发生肩难产，只是发生率低一点儿，这些后面还会讲到，这里主要讲妊娠期糖尿病。

有糖尿病的孕妇属于肩难产的高危人群。我们知道，对于新生儿来说，身体最大的径线应该是脑袋，小宝宝都是头大身子小的，所以，在出生的时候，只要脑袋能过得去的地方，身子也都能过去。但是，前面说过了，糖尿病孕妇怀的宝宝，有一个特点就是身上的肉多，这时候，肉嘟嘟的就不是可爱而是可怕了。因为堆在身体上的肉会增加身体的径线，结果就会出现脑袋已经生出来了，但是把肩膀卡在里面，从而形成肩难产。据统计，如果妊娠期糖尿病同时又合并巨大儿的话，分娩时发生肩难产的概率超过 5%，甚至可能达到 10%。所以，如果孕妇有糖尿病，同时胎儿估计体重又超过 8 斤的话，医生一般是建议做剖宫产的。

不要以为得了糖尿病的孕妇，到后面只要做了剖宫产手术就没什么事儿了，巨大儿还只是一个方面呢。

妊娠期糖尿病首先要重视它

有些老人觉得，宝宝就该白白胖胖的，不光可爱，还结实；在肚子里也一样，宝宝养得越重越好，越重越健康。这是一种错误想法。体重过轻了确实不好，但是凡事都有个度，体重过重了也不好。胎儿过重，不容易生，肩难产的风险也会增大，即使是做剖宫产手术，产妇产后出血的风险也会明显升高。就算是单纯考虑胎儿，孕妇有糖尿病，宝宝一直泡在一个高血糖的环境里，会导致自身的高胰岛素血症，结果就出现了妈妈高血糖、生出来的孩子低血糖的现象。而低血糖对生命的影响要比高血糖严重得多，有些孩子还要送到新生儿科进一步治疗。更有甚者，如果孕期血糖持续过高，尤其是孕前就有糖尿病的孕妇，突然胎心消失的风险都要升高了。

所以说，妊娠期糖尿病是对孕妇和胎儿都有很大影响的一个怀孕并发症，而且发病率还非常高。那么如果得了妊娠期糖尿病应该怎么办呢？首先，你得重视起来，别觉得怀孕前血糖正常，OGTT 检查也只是高了一点儿，然后就不当回事儿了——往往就是不当回事儿的人才容易出事儿。其次，你就要注意控制饮食和适量运动了。对于大多数的糖尿病孕妇来说，只要合理控制饮食，并且适量运动，孕期血糖就可以得到良好的控制，而不用另外加用任何药物。当然了，饮食控制也不能太过，你把自己饿出个好歹来我可赔不起。所以，最好可以定期监测血糖，根据血糖监测情况，配合医生指导进行控制。如果饮食控制＋适量运动血糖还是比较高，那可能就需要加用胰岛素治疗了。对于孕妇来说，胰岛素是安全药物，对宝宝没有影响，绝对可以放心。

糖尿病看不见摸不着，很多人孕期查出糖尿病来，自己也没有任何不舒服，甚至有些人胃口还很好。正是因为不会给你带来不适感，所以它才容易被忽视。而且，糖尿病的治疗和吃有关，控制起来还是需要一定的意志力的。如果你对自己控制得好，那么治疗的效果也是非常理想的。好多女孩子平时为了身材自制力很强，这也不吃那也不吃，一怀了孕就好像拿了特赦令，吃东西毫无节制。这就大错特错了，孕期其实更要注意控制饮食。

糖尿病就是这样，如果你重视它，有意地去控制它，大多数情况下不用特殊用药，只要在生活方式上进行改善，即使得了糖尿病结局也不会多差；而如果你不把它当回事儿，那么它就会给你点儿颜色瞧瞧了。

怀孕是对身体健康情况的一次检阅

一次怀孕，大约九个月的时间；如果再加上大约一个半月的产褥期，一次孕产历时将近一年，根据怀孕期间的健康状况，可以对以后的身体进行一次检阅——怀孕对于女性来说，还具有一定的预测算命功能呢。这可不是像所谓“月子病”一类的说法，月子里的病一辈子好不了，得再坐一次月子才能医治；而是说有些在你怀孕时期呈现出来的疾病，可能再过几年、十几年或者几十年，到中老年时，相应的疾病有可能会再出现！

听上去有些玄乎！但这确实是有科学依据的。有一些疾病，怀孕之前是没有的，只是在怀孕期间才会出现，等到怀孕结束之后疾病也会自然而然好转，医学上把这些疾病称为“妊娠期 ×××”。比如前面说的糖尿病，大多数的糖尿病其实是“妊娠期糖尿病”，就是说孕妇怀孕之前血糖是正常的，只是在怀孕之后才出现了血糖异常，而怀孕结束之后，血糖又会逐渐恢复正常，这个糖尿病仅仅是出现在妊娠期，所以称为“妊娠期糖尿病”。且慢！虽然说妊娠期糖尿病通常在产后6～8周血糖就可恢复正常，但是，如果把观察的时间再向后延长，不是6～8周，而是10～15年呢？结果发现，曾经在怀孕的时候患有妊娠期糖尿病的孕妇，10 ～ 15 年之后有至少一半的人又发展为糖尿病，虽然这时候她已不再怀孕了。因此，凡是患有妊娠期糖尿病的孕妇都要注意了，你将来可是糖尿病患者的高危群体，所以即使产后血糖恢复到正常值了，也建议最好调整饮食习惯和生活方式，以尽可能推迟糖尿病的发病时间；并且建议每年进行一次 OGTT 检查，以早期发现糖尿病，早期干预，减少糖尿病相关并发症的风险。

还有一种疾病也是孕期很常见的，戴了个“妊娠期”的帽子，也是大多数女性怀孕之前是正常的，怀孕之后，尤其是孕晚期才出现的症状，等到终止妊娠以后毛病也会慢慢好转。不过这个毛病可要比糖尿病凶残得多了。这就是妊娠期高血压疾病！

— 02 —
妊娠期高血压就是一匹狂奔的野马

我听同事讲过这么一个病例。有一年大概是寒假过完，一个大一的女生，因为血压高、头痛来我们医院就诊。来看的时候已经很严重了，不到 20 岁的年龄，血压奇高，而且已经有心衰的表现。当然妇产科医生会常规询问性生活史，这个女生很自然地否认；再然后就是医生反复询问病史，这个女生终于承认了有男朋友；再后来就是被证实已怀孕，而且月份已经很大了，这个女生竟然还不知道！这种怀孕到大孕周了自己还不知道的情况，平时工作中也碰上过，都是小姑娘，肚子大起来了还以为是胖了，停经了也没当回事儿，甚至都有胎动反应了，还以为是肠蠕动呢。这都是不了解避孕常识的后果。

这个病例还有更悲剧的结局——虽然终于明确诊断了，但最后还是抢救失败！一个刚刚考上大学的小姑娘就这么没了，而且到最后肚子里孩子的爸爸也没出现过。而这个女生所患的疾病，就是妊娠期高血压疾病中很严重的一种：重度子痫前期。

如果重度子痫前期继续进展，那么就要进入更严重的阶段——子痫抽搐。

产科工作第一天就碰上子痫抽搐

我们医院的前辈之中，徐子龙主任就是神一般的存在，我称他龙哥，他是我的偶像。产科医生，如此高压力的职业，风险无处不在；但是，各种临床问题到了龙哥那里，似乎就只是用来衬托他的沉稳洒脱、举重若轻的。别人可能已经紧张得语无伦次了，他照样可以气定神闲。好多同事说，从来没见过徐子龙着急过，什么事儿他都是嘿嘿一笑就过去了，什么问题到了他手里就都不是个问题了。这就叫作艺高人胆大。其实，我是见过他紧张的，这事儿后面再说。

我参加工作的第一年，到妇产科报到的第一天是在产房，龙哥当时还是高年资的主治医生，在产房做住院总医生，由他负责给我带教。就是那天，作为青涩小菜鸟的我，见识了龙哥强大的气场。

上午他先带我查房，顺带介绍了产房工作的各种流程，然后就拿了份病历到医生休息室，结合这份病历来给我讲解产程处理时要注意的一些问题。听他讲解产程中各种情况的处理，就像听一个游戏高手向你介绍游戏攻略一样，虽然游戏的设置非常复杂，难关重重，但是，他早已掌握了各种通关技巧，对游戏的各种进度、对方 boss 的各种属性都了如指掌。任你游戏难度再高，也都在他掌控之中；甚至，他还怕你难度太低呢，通关之后都觉得不够刺激——是的，就像高手玩家对于游戏刺激的追求一样，他对于解决临床问题好像也达到了如痴如醉的程度。如果说老顽童痴迷武学，可被称为“武痴”的话，那么龙哥就是“医痴”。

我正被龙哥的讲解吸引，突然就听到休息室外一声恐怖的嘶吼：

“徐子龙——”喊声从产房ICU（重症监护室）的方向传过来，听得出来，声音已经完全变形走样，尖厉而刺耳。

听到喊声，徐子龙愣了半秒钟，然后突然就冲出休息室，边跑边喊：“哪里？”

“ICU！”

虽然是报到的第一天，但是在这个通讯基本靠吼的产房里，我听声辨位的能力还是可以的。于是，我也跟着跑进了ICU。

病床上躺着一个“紫脸大汉”，看上去身材魁梧，脸到脖子都已经发紫了，双眼微睁，翻着白眼，很明显已经丧失意识了。不过，患者更引人注意的还不是这些，而是她的动作——此刻，她的全身正在急剧地抽搐，虽然看上去肌肉明显绷直僵硬，但同时又在不停地抽搐。

看到患者这样的场景，作为龙哥的小伙伴，当时我就惊呆了，一句话也说不出来。此时，ICU已经交织穿梭着很多护士了，每个人看上去都非常焦急紧张，但是又看不出具体在干什么，甚至有两个年轻护士只是直勾勾地盯着患者愣在那里，很显然，她们像我一样被惊呆了。

“子痫发作了？”龙哥冲着护士们问。

住院手续没办好，先抢救再说

这时候，一个看上去有些年纪的护士看到龙哥到场了，就像失足落水的人抓住了救命的臂膀一样，马上赶过来向龙哥汇报病史：“急诊室刚刚收进来的一个患者，32 周初产妇，重度子痫前期，在急诊的时候有明显头晕眼花症状。家属还在办住院手续，急诊室护士先把患者送进来了，这不还没交完班就抽起来了。”

“哦，没事没事，别急。开口器、压舌板用了吗？当心患者舌头。呼吸道黏液吸干净。”龙哥听完简单汇报，开始指挥。

“硫酸镁有没有用过？”龙哥问刚才那个护士。

“急诊室已经用过了。”

“安定 10 毫克静推，静脉里再 30 毫升硫酸镁快速滴进维持，准备冬眠合剂。再开一路静脉，降压药微泵维持。”龙哥语速不快，但是简洁有力，在他的指挥下，护士们的行动看上去有序了很多。

这时候，刚刚向龙哥汇报病史的护士又过来说：“她的住院手续还没办好啊，那些用药你可都得签字。”

“嘿嘿，没问题，你药先上去就是了，又不是没签过。”接着，他招呼我，“小田，你也过来搭把手吧，帮忙按着胳膊，我得给手术室打电话约手术台。”

时间好像过了没多久，患者的抽搐渐渐缓了下来，紧绷的肌肉也开始松弛了。

“抓紧做好术前准备吧，通知病房医生过来。”龙哥的语速还是一如既往地平缓而有力。

很快，病房医生赶来接管局面，等患者被送去手术室，龙哥又和我回到了医生休息室。

心中有数才能镇定自若

“来产科第一天就见识子痫发作了，一辈子都忘不了了吧？”龙哥笑眯眯地问我。

“太刺激了，完全都蒙住了，就跟看电影一样。”

“哪能和电影比啊，电影多假多夸张啊，刚才那阵势也还好吧。”

“我觉得已经很夸张了啊，患者脸都紫了。”

“是的，头面部充血造成的。刚才那个患者就是典型的重度子痫前期患者的面容，大圆脸、大粗腿、肿眼泡，看上去挺难看的，其实都是水肿造成的。”

“难怪我一进去就看见个‘紫脸大汉’，乍一看还真以为是个男的呢，这么魁梧！”

“嗯，因为严重的水肿啊。以前有重度子痫前期的患者出院以后回来复查，都认不出来了，整个身体好像都小了一圈，也漂亮多了。”

“那这个患者应该很危险吧？”

“危险是肯定危险了，大人孩子两条命嘛，子痫发作的时候两个随时都可能有生命危险。不过多数情况下处理及时的话还都是可以控制住的。但是你别觉得控制住了就好了，如果不及时剖宫产，很快又会有下一次的。这个毛病唯一有效的治疗手段就是终止妊娠，其他的用药都只是暂时缓解。”

“产科太可怕了！”

“嘿嘿，有什么可怕的，做医生嘛，总是要碰上些情况的，该怎么办就怎么办就是了。”

“可是这么危急的情况，肯定要慌神儿的啊。”

“你慌什么慌，慌神儿又不能解决问题。做医生的，自己要先稳定下来，才知道下一步要怎么办，你也跟着慌，那谁来抢救患者啊！”

“那种场面下要想沉住气还真不容易。”

“你知道该怎么办就没事了。所以还是要看书，把我们的教科书一个字不落地都看下来，再看看国外的教科书和文献，对毛病心里有数了，你就不紧张了，嘿嘿。”

那时候我明白了，要做到像龙哥那样临危不乱，那样淡定，不下点儿功夫，没点儿硬货是不可能的。

妊娠期高血压疾病，终止妊娠是唯一有效的方法

妊娠期高血压疾病是一类疾病，从名字就可以看出来，它是以血压升高为主要表现的。开始病情还比较轻的时候，只是血压升高。不过，导致这种疾病血压升高的原因是全身小血管的痉挛，就是说它是一个全身性的疾病，而不仅仅局限在心血管系统。所以，随着疾病的进展，会慢慢累及其他脏器组织。最常见的是累及肾脏，出现蛋白尿。蛋白可是孕期非常重要的营养成分，是宝宝生长和大人维持健康的重要成分，但是现在它从你的小便中漏出体外，这就是蛋白尿。

当小便中有蛋白漏出的时候，疾病就由妊娠期高血压发展为子痫前期阶段了。这还不是最严重的，疾病还要继续发展。它还会累及消化系统、损害肝脏功能，甚至累及神经系统，而且在全身各个系统被逐个袭击的时候，早先已经累及的系统的症状会进一步加重。如蛋白

漏出的量会逐日增加，心血管系统的损伤会加重，甚至会出现心力衰竭、肺水肿等症状。

当神经系统的损伤严重到一定程度时，就进入了这个疾病最严重的阶段——子痫抽搐！

这就是妊娠期高血压疾病，从妊娠期高血压到子痫前期，再到子痫，一步一步逐渐加重；更可怕的是，病情加重的速度可能会非常快，有的患者不到一周的时间就发展到非常严重的程度。而正如龙哥所说，这个疾病唯一有效的治疗方法就是终止妊娠，而其他药物治疗只能暂时控制。打个比方，这个疾病的进展就好像一匹奔跑的野马，各种降压解痉的治疗就相当于拉一拉缰绳，让马跑得稍微慢一些，但是它不会停下奔跑的脚步，疾病还会继续发展，甚至有些人拉了缰绳也没有控制得很好。而唯一可以使这匹野马停下来的方法，就是一刀斩掉马头——终止妊娠。就像那个子痫抽搐的患者，虽然药物用上之后，抽搐暂时缓解被控制住了，但是只要妊娠还在继续，就一定还会有下一次的抽搐；所以，对于已经发生过一次子痫抽搐的患者，医学上建议两小时后就进行剖宫产终止妊娠，这也正是龙哥马上联系手术室的原因。

妊娠期高血压疾病是要比前面说的妊娠期糖尿病厉害得多的疾病。在治疗上，因为只有终止妊娠才可以治愈疾病，所以医生的目标就是在保障孕妇相对安全的情况下，尽可能地延长孕周。而孕妇要做的就是定期进行产前检查，可别把产检时候的量血压不当回事儿，别以为怀孕前血压是正常的，怀孕以后就没问题了。血压升高一般是没有什么症状的，等到你有症状了，估计那时候病情已经很严重了。另外，虽说终止妊娠是治愈妊娠期高血压疾病的唯一方法，但是，就像是奔跑的野马即使斩了马头，它也可能凭惯性往前跑两步；所以，即使是终止妊娠了，有些人的病情也没有那么快恢复，甚至产后也还有子痫抽搐的可能，医学上称为产后子痫。因此，产后的休息、治疗和复查也是很有必要的。

— 03 —
妊娠期高血压还有更虐心的故事

其实，前面提到的子痫抽搐患者已经算幸运的了，不管怎样，即使是马上剖宫产终止妊娠，以她 32 周的孕周，孩子的存活率还是比较高的。还有一些孕妇，起病时间要早得多，早到宝宝出来以后根本就救不活，那也没办法，必须得终止妊娠，为的是保大人的命。

不得已也得一命换一命

曾经有一个患者，起病的时候只有大约 23 孕周的样子，而且病情进展很快，尽管我们给了各种药物控制，但只过了一周的时间，病情就急剧加重了。而且，因为血管痉挛，胎盘对胎儿的供应也受到影响，胎儿在这样一个疾病环境中明显比同样孕周的胎儿要小很多。这种情况，继续妊娠极有可能会危及母婴两条生命。首先，胎儿在这种子宫环境中是没办法正常长大的，因为胎盘功能被严重影响了。就好像让胎儿在一个空气稀薄又食品缺乏的房间里，时间长了，不光发育不好，生命也会受到威胁。而母亲的情况也同样危险，就像前面说的那样，这个疾病不终止妊娠是不会好的，只会继续进展。在医学上，这是被称为“继续妊娠，将危及孕妇生命”的情况，这种情况下，医生应该建议把孩子打掉。

这确实是一个残忍的建议，怀了五个多月的孩子，就要这么放弃了。但是为了挽救孕妇的生命——只能一命换一命！

我们把情况向孕妇和家属交代清楚，家属的态度还是比较明确的，要先顾及大人的安危，放弃胎儿，不过孕妇的决定很难下。想象一下吧，让一个准妈妈放弃自己的孩子，是一种怎样的残忍。有时候，为了生命的延续，你得放弃一些东西，甚至是非常宝贵的东西。

最终，孕妇还是接受了我们的建议。然后就是打针、引产。

被逼出来的坚强

对于重度子痫前期的患者，分娩过程的风险也是非常大的，随时可能子痫发作。胎儿娩出的那天，正好我夜班，所以一直守在她旁边管理产程。过程很顺利，胎儿很顺利地娩出来了。接生结束，收拾完接生台，我要做些记录、签字。这时候，产妇对我说：“医生，我能不能看看孩子？”

说实话，我一直觉得，让一个母亲亲眼看看自己逝去的孩子，是一件非常残忍的事情，所以我想拒绝她。我说：“还是给你家属看吧，你看了也不好。”但是她再三要求，坚决要看。我看了看她的血压，还算可以接受，于是，就把盛放小尸体的小盆端过去，掀开盖在上面的布。

她表情很平静，说：“医生，帮忙放在我旁边吧，一小会儿就可以了。”

当时我心里挺难受的，但是看她这么坚决地要求，还是满足了她，把小盆放在她床旁。然后，我看到她轻轻抚摸着孩子，低声说着话。当听到“宝宝”两个字的时候，虽然是个大老爷们儿，我也实在忍不住想哭。我不想让旁边的护士看到我掉眼泪，所以赶紧低头走开了。

等到我平静下来，又进了分娩室，拿走小尸体。我对产妇说：“你真的挺坚强的！”她回答：“坚强什么啊，打完针，眼泪就已经流光了。”虽然经历了如此虐心的过程，但万幸的是，最终还是保全了孕妇的健康。她这种情况，是可以考虑再次妊娠的，我们称为子痫前期再生育，需要下次妊娠前和妊娠早期就在专门的产科就诊。

都说科技进步日新月异，但是，科学进步的梦想好像总是照不进医学的现实。人类的航天器可以到月亮、到火星，互联网可以把地球“抹平”；但是，不要说癌症、肿瘤这些绝症了，就是生孩子这一人类繁衍最基本的过程，到现在还是要“冒着生命危险”，让人不得不唏嘘，也不得不对自然和生命产生由衷的敬畏。

— 04 —
那个夜班我险些捅了娄子

妊娠期糖尿病和妊娠期高血压疾病都是发病率比较高的孕期疾病，下面再介绍一种发病率低，但是更加凶险的孕期疾病。之所以要介绍这种疾病，是因为 5 年前的那个夜班，给我留下了太深刻的印象。

她看起来只是个普通孕妇

那时候我刚刚独立值夜班不久，急诊来了一个孕妇，大约 34 孕周，先兆早产，宫缩很紧，宫口已经在开大了。根据孕周，虽然是早产儿，但是生出来存活率还是比较高的。孕妇住进来不久，就接到医院麻醉科老于头的电话，说这是他的熟人，家里人要了解一下情况，顺便拜托我照顾一下。我简单交代了一下情况，老于头说："那了解了，反正孕周也差不多了，就生出来再看吧。我跟她家里人说一声，你拜托产房帮忙照顾一下。"

没过多久，老于头又打来电话："她家里人让再跟医生说一下，孕妇最近检查好像肝功能有点儿问题，肝酶好像一两百吧，也不是多大的事儿，你记得再复查一下就是了。”“好嘞，让她家里人放心吧！”我一边答应着，一边开始查看这个患者的病史。

整个孕期好像没什么特殊情况，也不是高龄产妇，就是最近一次的血生化检查肝酶有点儿升高。看起来患者主要问题就是早产临产，既然孕周也不算太小了，那应该也没什么大问题。然后又简单地和患者聊了两句，得知她最近一两天好像胃口不是很好，感觉她老公烧的菜不如以前好吃了。

“看来你老公的厨艺有待提高了啊！”我还在和患者开着玩笑，丝毫没有意识到危险所在，以为这又是一个平静的夜班。

因为患者宫缩很紧，所以没过多久宫口就开全了，然后新生儿顺利娩出，接下来是胎盘娩出。这些，似乎也都在印证着我所以为的平静——分娩结束了，看来这个患者只是我这个夜班里一个毫无波澜的小插曲。

情况变得复杂起来

分娩结束没过多久，护士向我汇报，说产妇产后出血有点儿多，性状有点儿像不凝血。我马上过去查看，发现不断有鲜红色的血从阴道里细细地流出来。

“现在产后出血大约多少了？”

“大约三四百毫升吧，血压、脉搏、氧饱和度都一直正常。”

“哦，还不算太多。胎盘情况怎么样？”虽然还没有达到产后出血的诊断，但是，既然有出血的倾向，那总要根据产后出血的处理流程进行排查，所以，我一边按摩宫底，一边询问胎盘情况。

“胎盘完整，宫缩情况也不算太差吧。”

“灯光帮我对一下，准备卵圆钳，我查一下软产道。”

虽然独立值夜班没多久，但是处理产后出血的基本流程我还是熟悉的。

我这儿正检查着宫颈呢，那边化验室的电话打过来了，说这个患者送去检查凝血功能的那根试管，好像取的血液有问题，要求重新采血。凝血功能检查，就是化验血液凝固的能力，检测血液凝固时间和血液当中凝血物质的数量。但偶尔会因为抽血的原因或者试管本身有问题，在送检之前血液就已经凝固了，消耗了血液当中的凝血物质，这样再去检测，就可能出现凝血时间过长，凝血物质减少的假象。这种事情以前也偶尔发生过，所以检验科要求重新采血。

“那就重新再抽一次血吧。对了，患者入院以后复查的肝功能怎么样？”我检查着宫颈，一边让护士帮忙看一下肝酶的指标。

“稍微偏高一点儿，比之前降下来了。”

看来是好起来了，我一边这样想着，一边继续手里的活儿。

软产道检查了一遍，没有什么问题。但是，血没有一点儿要止住的意思，虽然出得不是很汹涌，但一直就那么默默地、细细地流着。

护士用称重法又估计了一下出血量，已经六百多毫升了。

这时候，我隐约感觉这个患者好像有点儿不对劲儿了，现在的问题，不是产后出血量在多起来，而是一圈检查下来，找不到出血的问题所在！

那些看上去不起眼的表现，原来如此重要

于是，我拿起电话请示我的上级二唤医生——事实证明，这是那晚我做得最正确的决定！

“你说这个患者之前肝功能不好？”听完我的情况汇报之后，二唤医生问我。

“是的，肝酶有点儿升高，不过这次入院以后已经有所下降。”

“之前有什么症状吗？比如乏力或者消化道症状？”

消化道症状？这时候，我想起患者闲聊时说起她老公烧的菜不如以前好吃了。

“之前好像有过胃纳减退。”

“恶心呕吐呢？”

“这个好像没有。”

“这次入院后复查的肝酶下降了？”

“是啊。”

“胆红素呢？胆红素有没有升高？”

胆红素？我发现我还没有关注到这项指标！赶紧查看化验单——胆红素比之前明显升高了！

“那血糖呢？血糖有没有下降？”二唤继续追问。

“血糖？是的，血糖有点儿低。”

“凝血功能报告怎么样？”

凝血功能？这时候，我想起了化验室的那个电话：“化验室说标

本可能有问题，重采之后，正在重新化验呢。”

“这个患者有问题，我马上到！”经过一番简单询问之后，我好像从二唤的语气中听出了一丝紧张。

二唤很快赶到产房，简单查看了一下病史，看了一遍化验结果，就马上掏出手机给三唤打电话：“霍主任吗？产房有个患者，很严重，我现在考虑是妊娠期急性脂肪肝，您来看一下吧！”

妊娠期急性脂肪肝，一直到我听到这个名字，我都还没有意识到问题的严重性，因为以前在学校的时候学到过脂肪肝，属于肝脏的一种可逆性病变，它的严重程度似乎和二唤的语气很不相称。

没过多久，三唤也赶到了产房，并且打电话询问凝血功能检查的情况。这时候，化验室说，第二管血还是有问题——血液不凝！

“是的，这不是标本采集的问题，患者凝血功能确实是有问题。”霍主任对化验室说。

“那么就是大问题了，因为凝血时间严重延长，纤维蛋白原严重下降了。”化验室马上发出了警报。

放下电话，霍主任说：“化验室证实了，严重凝血功能障碍，大量的凝血物质被耗竭，现在患者已经发生严重DIC，赶紧联系B超检查，通知ICU，联系血库要红细胞和血浆，申请纤维蛋白原和凝血酶原复合物。”

DIC就是“弥散性血管内凝血”，是血液中大量的凝血物质被耗竭掉之后，继发的血液不凝，从而造成血流不止，然后进一步丢失凝血物质，造成恶性循环，最终造成失血性休克，直至死亡。

“小田，你马上记录病程，并且向患者家属发书面病危通知书！”霍主任转头对我说。

记录病程，书到用时方恨少啊！我赶紧翻书才知道，原来一个如此凶险的疾病让我给碰上了——妊娠期急性脂肪肝！

脂肪肝加上“急性”两个字就恐怖了很多

妊娠期急性脂肪肝不是普通人体检时候B超报告的那个脂肪肝，而是一种妊娠期特有的疾病，又被称为“妊娠期特发性脂肪肝”。这是一种比较罕见的妊娠期并发症，对于母亲和胎儿都有致命的影响。

妊娠期急性脂肪肝通常在妊娠晚期发病，一般在35孕周左右，病情发展很快，刚开始通常有上腹部疼痛、食欲缺乏、恶心呕吐等上消化道症状，然后进一步发展可能快速出现肝功能衰竭。在实验室检查上，可以表现为严重的凝血功能障碍、肝脏功能的衰竭、严重的低血糖和血尿酸升高。

这些症状在这个患者身上就有比较典型的表现，她在前几天就出现了明显的消化道症状，只是被我错误地以为是她老公的厨艺问题。而肝功能的化验检查中，提示了肝酶的升高，并且在随后的复查中，肝酶出现了下降，这让我错误地理解为病情好转——其实恰恰相反，因为在肝酶下降的同时，还出现了胆红素升高，这在医学上被称为胆酶分离！胆酶分离是指肝酶的升高和胆红素的升高不平行，甚至出现肝酶的下降。这是因为肝细胞的大量坏死，对胆红素的处理能力显著下降，因此出现胆红素上升；而同时，转氨酶由于已经维持了相当长时间的高水平，从而进行性耗竭。这是肝功能严重衰竭的一个表现。虽然在读书的时候，把这个概念背诵得滚瓜烂熟了，但是，真正在临床上见识到的时候，我还是遗憾地把它给错过了！这个患者另外一个典型表现就是凝血功能的异常，但是我错以为是标本采集出了问题，还是没有引起重视。

因为对疾病缺乏足够的认识，我错过了好几个本可以发现问题的机会，但是，好在有一个机会我没有错过，那就是患者住院后很快就结束分娩了——当然，这个机会不是我主动把握的，而是它自己来的。因为对于妊娠期急性脂肪肝的治疗，除了积极护肝和纠正凝血功能之外，一个几乎最重要的治疗就是——立即终止妊娠！谢天谢地，这个患者从住进医院到孩子生出来，经历的时间很短，这也就相当于误打误撞地对患者给予了最重要的治疗，运气不可谓不好啊！所以，后来在患者情况稳定了之后，二唤对我说：“患者是命大，也算是你小子命大，毛病没诊断出来，治疗倒是没怎么耽误。要是患者没有那么快生出来，或者你给她继续保胎了，那她就真的是没希望了——那么，你小样也就完蛋了！”

当时我就感觉衣服被后怕的冷汗湿透了。

对于产科医生来说，夜班永远是疲惫的，甚至是可怕的，这个可怕就可怕在你永远不知道接下来会发生什么，那些看似平静的表象背后，可能是险象环生，就好像夜间在敌后执行任务的侦察兵一样，必须时刻保持高度的警觉，不敢有丝毫的懈怠。同样，对于孕妇来说，也不要对一些症状掉以轻心。比如恶心呕吐，如果在早孕期发生，大多是早孕反应，不严重的话可能问题不大，但是孕晚期出现上消化道症状，还是要提高警惕为好。

另外，这件事情其实还提醒我们，如果孕晚期发生了先兆早产的症状，那可能是身体的一种自我保护，不要急着保胎。

— 05 —
当谈论早产时我们在谈论什么

怀孕后除了这些并发症，其实大家还关心一个问题，那就是早产。即使没有任何并发症，如果发生早产也是件很让人着急的事儿。所以，很多孕妇孕期稍微有点儿宫缩的感觉就非常紧张，赶紧要求保胎。其实，有些时候，有了早产的征象，也不一定都需要保胎，比如前面提到的妊娠期急性脂肪肝的患者，孕周只有 34 周，属于早产范畴，但住院后也没有保胎；甚至如果我当时给她保了胎，后果会更加严重。接下来的部分就介绍一下早产和保胎的问题。

产科医生经常提到的两个词——孕周和预产期

目前医学上对于孕周的计算是从末次月经第一天算起的，而不是从受精开始。这是因为你也没法确切推算究竟是哪一天受精的，但末次月经的日期则很明确。按照这种算法，一般到你知道自己怀孕了，孕周起码也有 4 周了。

预产期的算法，是末次月经日期月份 +9（或 –3），日期 +7。举个例子，末次月经是 3 月 8 日，预产期就是 12（3+9）月 15（8+7）日。这是一个大约的数值，按照这个算法，一般预产期的时间就是在孕 40 周（也就是 280 天左右）的样子，因为大小月的原因，前后可能会差一两天。如果平时月经不准，周期比较长，或者恰巧这次受精时间比较晚，那么预产期就要纠正了。纠正的方法通常是根据早孕期 B 超测量的胚芽长度（或者头臀径）+6.5，单位是厘米，得到的就是孕周数。比如，胚芽长 2.5 厘米，那么孕周就是 9（2.5+6.5）周。然后和实际停经孕周比较，如果相差超过 1 周，一般要根据 B 超纠正预产期。

对于产科医生来说，孕周是一个非常重要的信息，会对医生的决策产生很大影响。比如，按照国内的规定，28 周以后进入围产期，那么怀孕 28 周之后就应该要考虑胎儿存活的问题了，可能会为了挽救胎儿而做对孕妇有所损伤的剖宫产手术；而 28 周之前则属于流产范畴，不算早产，那么此时基本会更多地考虑孕妇。

不是说没到预产期生出来就算早产，在医学上，孕周达到 37 周就可以算足月了，只有 37 周之前出生的新生儿，才称为早产儿。同样是早产儿，孕周不同差别也很大。宝宝在肚子里不断地发育，总归是孕周越大成熟度越高。比如，相比起 28 周的胎儿，32 周的胎儿各个脏器的成熟度肯定更高，新生儿存活率更高，发生严重并发症的概率更低。而 34 周的情况又会更好一些。一般情况下，多数 34 周以上的早产儿不用借助外界帮助，如辅助呼吸等，就可以存活了。所以，在产科医生心里，对于 34 周之后的早产儿还是很有信心的。因此，如果孕周超过 34 周，即使出现了早产的征象，医生一般也不会建议保胎，而更多的是顺其自然。民间有“七活八不活”的说法，说怀孕七个多月出生的能活，八个多月的反而不容易活，这种说法纯属扯淡。怀孕 7 个月是 30 ～ 34 周，8 个月是 34 ～ 38 周，显然 8 个月的存活率更高，新生儿并发症的发生率更低。

没有宫缩也有可能早产

早产的征兆是什么？

最如雷贯耳的可能就是宫缩了。刚刚有早产先兆的时候，宫缩可能不是那么强烈，不一定会是疼痛，更多的可能是腰酸、腹胀，或者是下腹的紧缩感。不过，随着孕周的增加，正常情况下也会出现这种生理性的宫缩，每天偶尔有几次无痛性的宫缩，这都很正常，不能算早产的先兆，也不用太紧张。真正的早产宫缩，应该是阵发的有规律性的宫缩，10 分钟里可能会有两三次，这时候就要注意了。

其实，除了宫缩之外，医生还会关心一些其他的指标，如宫颈的长度等。女人怀孕之后，子宫会逐渐膨大，但是宫颈长度没有变化，直到要分娩前的一段时间，宫颈才会逐渐变短消退；到了临产阶段，宫颈口（又叫产门）一指一指地打开，到开十指的时候，产门开全，宝宝就要出来了。所以，有些产妇虽然没有上面说的那种有规律性的宫缩，但是 B 超显示宫颈长度缩短了，这也预示着可能要早产。

因此，对于女性来说，尤其是打算生孩子的女性，宫颈的作用是很重要的。相信很多人都听说过“宫颈糜烂”，甚至还有说法，说宫颈糜烂就代表着生活糜烂，洁身自好的女人不会宫颈糜烂。这都是毫无依据的。所谓“宫颈糜烂”，其实只是一种外在表现，就是宫颈口外观变红，有颗粒感，像黏膜糜烂的样子。而大部分所谓的宫颈糜烂，在组织学上，仅仅是宫颈的柱状上皮外移，并不会给生命、健康带来不良影响。所以说，宫颈糜烂不是病，而且，现在医学上早就没有“宫颈糜烂”这种说法了。那么宫颈糜烂不是病，要不要治疗呢？这就像脸上的黑痣，可能极少部分人是黑色素瘤，那么就需要治疗；但大部分人其实就只是一颗黑痣而已，除了有点儿影响美观，并无大碍，其实是不用治疗的。所以，宫颈糜烂只要没有什么症状，没有细胞学改变，没有病毒感染，那么就不用治疗，定期复查就可以了。现在有些医院对宫颈糜烂过度治疗，各种药物理疗，花样繁多，都是不必要的，而且，治多了没准还会影响宫颈机能，继而会造成早产。

阴道炎症恐怕就是洗出来的

哪些原因会造成早产呢？

首先是肚子太大。就是说还没足月呢，子宫已经撑到像足月那么大了，那么宫缩就要发动了，比较多见的情况就是羊水过多和多胎妊娠。别觉得生双胞胎是多新奇的事情，随着辅助生育技术使用的增加，双胎甚至三胎的情况越来越多，本来子宫是单人间，现在硬给改成双人标间了，空间当然就要被撑大了，可能三十二三周就有人家足月的肚子那么大了，于是宫缩就要发动，就要早产了。

早产还有一个常见的原因就是感染。这个感染可能不是早产发动的时候才发生的，而是之前更早的时候，比如刚怀孕的时候，甚至是怀孕前；而且，那个时候的感染可能仅仅是阴道炎症。曾经有患者很疑惑地说：“什么，我会有炎症？我已经非常注意个人卫生了，都快有洁癖了，每天洗澡不说，阴道里面也做冲洗，是用专门洗阴道的药物来洗，怎么还会有炎症？”嗯，炎症可能真的是被洗出来的。

其实，正常生理情况下，阴道里面就有很多细菌定植，各种细菌间相互影响相互制约，使每种细菌的数量相对稳定，从而达到细菌和细菌、细菌和人体之间的和谐共处。而且，因为这些细菌定植的原因，使阴道内呈酸性环境，从而可以抑制其他病原体的生长。这在医学上被称为阴道的自净功能。就是说，即使你不去特别保护，阴道自己也有自我保护的功能。都说水至清则无鱼，不是说什么东西都是越“干净”越好，“干净”不是目的，只要最终可以达到和谐的状态，就是理想的结果。但是，如果你没来由地经常冲洗阴道，那么正常的菌群就会被你破坏掉，本来和谐的环境被打破了，那么其他病原体就有机可乘，各种炎症也就来了。阴道冲洗可以作为一种医学上的处理，比如，在阴道手术之前，为了手术区域的消毒，是可以进行的。但是，自己平时在家的阴道冲洗则属于好心办坏事，是应该避免的。

虽然阴道的炎症在怀孕之后可能会造成不良的影响，如引起早产；但是，如果真的感染了阴道炎症，也不用太过紧张焦虑，这实在不是什么大病。以目前的医疗水平，通常只需要阴道内局部用药就可以了。只要把不好的病原体干掉，让本来的原著居民重新建立起和谐美满的家园，阴道炎症也就解决了。所以，如果只是阴道炎症，而医生却要给你吊盐水的话，那就是打蚊子用了高射炮，涉嫌过度医疗了，最好换家医院再看。要知道，打蚊子最好使的还是苍蝇拍，稳、准、狠，打完收工；用高射炮打蚊子，还真不一定瞄得准，效果也不一定好。

除此之外，可以引起早产的原因还有很多，如各种孕期的并发症，像前面说的妊娠期糖尿病、妊娠期高血压疾病；还有些胎盘方面的问题，如前置胎盘、胎盘早剥；还有些是因为子宫本身的畸形，如纵隔子宫；等等。既然引起早产的原因有很多，那么一旦发生早产迹象了，是不是可以保胎也就不能一概而论了。

早产不是你想保，想保就能保

为什么都可能要早产了，医生还会不给保胎呢？因为保胎的过程，只有一方是获益的，那就是肚子里的胎儿，孕周的延长仅仅是对胎儿有好处；而很多引起早产的原因，从一定程度上讲，对孕妇来说其实是启动一种自我保护机制。比如前面提到的妊娠期急性脂肪肝的孕妇，她这种自发性的早产，虽然中间的具体机制还没搞清楚，但是可以理解为是自己身体感受到继续妊娠会吃不消了，所以启动程序要“提前卸货”。在这种情况下，如果你还要强行保胎，对孕妇来讲可能是不利的，甚至是危险的。产科医生在处理问题的时候，不可能仅考虑胎儿一方面的因素，而是从母婴双方获益的角度去考虑。如果继续保胎，母亲需要承担的风险不大，而胎儿可以通过继续延长孕周获得更大好处的话，那么就保；如果继续保胎，母亲需要承担很大风险，那么不管胎儿获益有多大，继续保胎恐怕都不是明智的选择。要知道，母亲才是胎儿最大的依靠，如果母亲的健康状况受到了严重威胁，保胎时间再长，到头来也都是白搭。所以，就像前面提到的，如果孕周超过34周了，估计胎儿已经基本成熟，那么一旦发生早产，通常医生也不会建议再继续保胎，而是顺其自然发展，只要监护好胎儿情况就可以了。

关于保胎的方法，通常会建议患者减少活动，卧床休息，药物方面主要就是宫缩抑制剂。像前面说的，有些人可能在没什么宫缩的情况下，宫口就已经开了，也就是所谓的宫颈机能不全。针对这种情况，有效的治疗方法是进行宫颈环扎手术。不过，做这个手术的最佳时间应该是在孕14～18周的时候，就是在比较早期的时候。等到出现早产迹象，宫口已经开了，再做手术就来不及了。所以，宫颈机能不全的患者，应该在下一次怀孕早中期就做宫颈环扎手术。

再来说说抑制宫缩的药物，目前种类有很多。可别把这些药当成什么灵丹妙药，用上之后就可保孩子平安。这些药物的作用也就是抑制一下宫缩，而且，很多时候就是抑制一下比较轻度的宫缩，真正临产要生的那种剧烈宫缩，真没什么药物能压得住。这里不得不发一下感慨，我们国内的保胎药物用得还是有点儿过了，不过，这个过，绝大多数情况还是患者造成的。毕竟大多数家庭只生一个，孩子出来太早了要进保温箱，这么高的治疗费用没人给你报销，都得自己担着，换谁心里都得掂量掂量。所以，不管什么情况，只要有点儿宫缩了，患者、家属就缠着医生开保胎药。其实，国外的研究已经显示，保胎药物延长孕周的作用不大，更多的只是争取给胎儿使用促进胎肺成熟药物的时间，剩下的就全看造化了。但是患者和家属并不这么想，如果你给我保胎了没保住，那我认命；药都不用，这不就相当于见死不救吗？这个时候，大家好像都忘了“是药三分毒”的说法了，刚怀孕的时候不小心喝了口咖啡都紧张半天，生怕影响到胎儿，现在却什么药都敢用了。药物可都有副作用的啊！可是你要不用吧，患者、家属真和你瞪眼，拍桌子砸板凳都是轻的。没办法，以目前国内的医疗环境，医生可不愿意去触这个霉头。于是就出现了很多情况下，即使不用药物，可能也不会在短时间内就早产的，但还是用了保胎药。这就是令人无奈的中国特色了。

造成早产的原因很多，情况也复杂多样，所以，如果有早产迹象，不要一门心思先想到保胎，而应该把孕妇和胎儿两方面的风险利弊综合起来考虑。而作为外行，可能很难考虑得周详，所以，还是请相信专业的产科医生吧。

— 06 —
孕期别忘了做唐氏筛查

前面已经讲过了早孕期流产和早产，这两种情况一种是在刚怀孕不久，一种是到了孕晚期。可以说，对于孕妇来说，早孕期和孕晚期是两个多事之秋，很多问题都出现在这两个时期。而这两个时期之间的孕中期，对于很多孕妇来说可谓是真正的“快乐孕期”。

在“安静阶段”享受快乐孕期

一般在怀孕四五个月的时候，绝大多数人早孕反应已经过去，胃口恢复正常，无论是生理上还是心理上都开始适应了准妈妈的角色；同时孕周还不算大，胎儿的生长任务主要是器官的成熟而不是身体的长大，所以孕妇的肚子还没有太大负担。而且，大多数人的胎动也是这个时候开始感觉到的，每天，只有你可以感受得到这个即将到来的家庭新成员，你感受着他顽皮地伸脚蹬腿，甚至是翻跟头，而老公只能在旁边羡慕地听你描述，一种做母亲的满足感就会油然而生。因为孕中期这种“健康的味道”，所以，有些人把孕中期称为怀孕的“安静阶段”。

大部分人的孕中期是漫漫孕期中最安静舒适的阶段，准妈妈们在这个时期享受着孕育生命的快乐。但是，安静不等于安全，有时候也会出现一些问题。而且，这个时候出现的问题，很多情况下还都不好处理。

如果在孕中期（比如 20 周左右）出现了有规律性的宫缩腹痛，或者这个时候破水了，通常情况下还真难保胎。因为一般这个时候都是很安静的，子宫对于催产素的敏感性很低，相应的，如果发生了宫缩，对于宫缩抑制剂的敏感性也是低的，所以一旦宫缩起来了，还真找不到什么好药能压得住。另外，如果这个时候破水了，一方面羊水流出来容易发生感染，另一方面胎儿月份又太小，所以保胎也很困难。因此，在孕中期发生流产的话，处理起来并没有那么容易。

同时，在这个“安静阶段”，还有件事儿要提醒准妈妈们去做，那就是唐氏筛查，而且最好早做。

就没有比唐氏筛查更准的方法吗

唐氏综合征，又叫“21 三体综合征”，就是多了一条 21 号染色体，是人类最常见的非整倍体染色体病。唐氏儿患者比较通俗的叫法就是“先天愚型”。已经不止一次地出现过这样的投诉：唐氏筛查明明是低风险的，结果偏偏就生出一个唐氏儿，这难道不是医生的玩忽职守、草菅人命吗？如果说唐氏筛查不准，做完也不能完全说明问题，那干吗还要做这项检查呢？关于唐氏筛查的问题，好多人怀孕以后都遇到过，无奈医生太忙，分给每个人的时间太短，总感觉听得不是太明白。所以，对这个问题，我在这里打算好好解释解释。以下部分属于纯粹的科普内容，比较感性的准妈妈如果对这些前因后果不感兴趣，就可以直接跳过，或者交给自己的老公阅读，这样家里能有一个人搞明白了也成。

要想在产前就诊断21三体综合征，目前的确诊金标准（金标准：就是医学上公认的最准确最可靠的诊断方法，也就是标准的诊断方法）就是进行产前诊断，常用的方法包括绒毛活检、羊水穿刺培养和脐血穿刺培养。这三种方法，选择的孕周有所不同，绒毛活检的最佳孕周是9～12周，羊水穿刺的最佳孕周是17～21周，超过22周以后，一般是脐血穿刺。这些方法，都是直接获取胎儿的染色体进行培养，可以对胎儿全部的23对染色体进行检查。这种染色体检查可以给出胎儿是正常还是异常的确诊报告，是最准确的结果。

既然有这么好的诊断方法，那还废话什么，大家都去做这种产前诊断不就行了吗？产前诊断确实可以获得确诊的报告，但是，它最大的问题就是有创伤。因为要获取胎儿染色体，所以要进行穿刺，就是要用器械穿过子宫，进入羊膜腔，抽取羊水或者脐带血，那么这就有相应的风险了。主要的风险，包括宫内感染、流产、脐带穿刺部位出血等。更多的人关心的是穿刺造成的流产问题，这个流产率，不同的报道有所不同，差不多是0.5‰～0.5%，ACOG（美国妇产科学会）给的数据是1/300～1/500，总体来说是安全的。

虽然说是相对安全，但毕竟有创伤。21三体综合征在人群中的发病率也就大约1‰，而做这种有创伤的检查，会有1/200的流产风险。就是说如果你什么检查都不做，或许也有99.9%的机会是什么事都没有的，而做了这个产前诊断，反而会使自己有1/200流产的风险——为了1‰的可能，去冒1/200的风险，这笔账不划算！因此，为了大约1‰的概率，让全部孕妇去做有创伤的产前诊断，显然是犯不着的，而且大多数人也不会愿意去做。所以，就有了产前筛查。

唐氏筛查进化史

产前筛查的目标是全体孕妇，其目的就是通过一系列检验，把胎儿可能有问题的那批人先找出来，然后进一步进行检查，在可能有问题的人里找出确实有问题的，然后再进行处理。

筛查既然是用于全体孕妇的，那么就要考虑成本问题，也就是这个筛子的筛孔，不能做得太大，也不能太小，筛孔的大小形状最好恰到好处，筛完之后，把好的都留下，不好的全都筛出去。因此，我们需要一种创伤低、成本和风险都小、检出率高，同时漏检率又低的检验指标。

事实上，这样的检验指标真的是太难找了！

最开始，我们做筛查的指标只有一个，就是年龄。因为发现35岁以上的人怀孕，胎儿21三体综合征的发生率明显升高，于是把35岁以上的孕妇定为高龄产妇，同时对35岁以上的孕妇进行进一步检查。

但是，按年龄来筛，实在是太粗线条了，随着生育年龄后推，筛查完以后，还是有很多人。而且，年龄小的人中也有相当一部分怀了

21 三体综合征的胎儿。于是，人们继续寻找各种各样的方法来进行更好的筛查。

后来有人发现，血液里有一种叫作 AFP 的东西（没错，就是甲胎蛋白，也是一种肿瘤标记物），当胎儿有神经管畸形的时候，AFP 会升高。再后来，又有人发现，胎儿是 21 三体综合征的时候，AFP 会下降。于是，人们想，是不是可以把 AFP 作为一种指标，来筛查这些畸形呢？

然后，人们研究了大量的 AFP 数据，结果发现，很多正常人和患者，在数据上竟然是重合的！就是说有一些阳性数据的可能是正常人，而数据显示正常的也可能是患者。因此，大家认为单用这一种指标来筛查，准确率太低。

再后来，人们又陆续发现了几种指标，比如 β-HCG、PAPP-A、uE3 等，当把几种指标综合起来的时候，准确率就升高了。医生把每个指标的测量值，根据不同的孕周、年龄，通过软件换算成可能得病的概率，这样就出现了你报告上的那些分数，比方说 1/3000、1/200 之类的。这个分数越低，说明你得病的风险越低；这个分数越大，说明你得病的风险越大。

唐氏筛查完了怎么办

下一个问题就是，通过唐氏筛查之后，什么样的人需要进行进一步检查呢？这个分数，到底多大才算真的大呢？这就是一个切割值的问题，也就是筛子的筛孔。很显然，这个切割值的分数定得越小，比如我定 1‰，凡是风险值大于 1‰的都认为你有问题，那么漏网的肯定会更少了；但是相应的，假阳性的也会越多，很多正常人就被冤枉了，明明没事儿的，也被当作有问题的去进行下一轮检查，会带来不必要的浪费和孕妇的心理负担。而如果这个分数定得太大，比如定 1/100，只有风险大于 1/100 的才认为有问题，那么被冤枉的肯定少了，但是容易出现漏诊，本来确实有问题的人可能也会被当作正常人给放过去了。于是，人们继续研究发现，当把这个切割值设在 1/270 的时候，21 三体综合征的检出率是 60%，假阳性率是 5%；而如果切割值降到 1/300 的时候，检出率是可以提高到 65% 了，但相应的假阳性率也增高到 8% ~ 10%。大多数检测机构选择了 1/270 这个切割值。

另外，除了这种抽血化验的筛查之外，早孕期的 B 超 NT 检查，也是一种非常重要的手段。有报道说，如果把抽血化验和 B 超的 NT 检查结合起来，21 三体综合征的检出率就可以提高到 85% ~ 90%，而假阳性率也只有 5%。

好了，现在已经把可能有问题的人筛选出来了，比方说有的人风险值是 1/150，那么下一步怎么办呢？前面说了，前面的那些方法，都是筛查的方法，并没有直接针对染色体进行检查，而是通过对和疾病相关的一些指标进行检查，来推测可能的风险。那么就有可能漏检或者冤枉正常人。因此，这些筛查出的高危人群，就应该去做产前诊断了，就是前面讲到的那些有创伤的检查。让这些筛查高危的人去冒 1/200 的风险，还是值得的，因为得病的风险要比这个 1/200 更大。

同时也要说明的是，既然划定切割值的时候有漏检的可能，那么就存在虽然筛查属于低危，但实际上还有患病的可能，这就是开头提到的筛查低风险，结果最终还是生出唐氏儿的情况。出现这种情况确实非常遗憾，也令人同情，但是，这是医学发展的局限、医学的不确定性造成的，是上帝对人类的戏弄，医生也是人不是神，所以，这不在医生可以控制的范围内了。

科普结束，准妈妈们可以回来了。跳过了前因后果的科普，但是有几个结论还是要知道的。

- 如果唐氏筛查显示高危，就是说风险值大于1/270，还是很有必要抽羊水或者抽脐血检查以明确诊断的，即使它们属于有创检查，存在各种风险。
- 筛查不属于高危，但是风险值也比较高，比方说1/400，医生可能没有建议做产前诊断，但是会告知风险。因为这个分数越高，风险也越高，而产前诊断也有相应的创伤风险，如流产。所以，你需要和家人一起认认真真地思考这样一个问题：是更希望要这个孩子，无论他是健康还是疾病，还是更希望要一个健康的孩子？当然，还有一种无创基因检查也是不错的选择，不过，该检查仅对三体疾病敏感，而对少见染色体疾病就有局限性了。
- 既然21三体综合征筛查准确率这么低，孕期是不是真的有必要做呢？这项筛查的目标是整体人群，而不是某个人，60%的检出率确实低，5%的假阳性率也确实高，但是，百分比的绝对值没有意义，要看和谁比，要是和零检出率相比呢？对于那些通过筛查、诊断，最终发现异常并终止妊娠的孕妇来说，这个筛查的意义可大着呢！

♪ 21三体综合征筛查准确率这么低，为什么不直接做产前诊断？产前诊断最大的问题是有创伤，有一定的风险。为了这么一个1‰的可能，去冒羊水穿刺的种种相关风险，实在是犯不着。

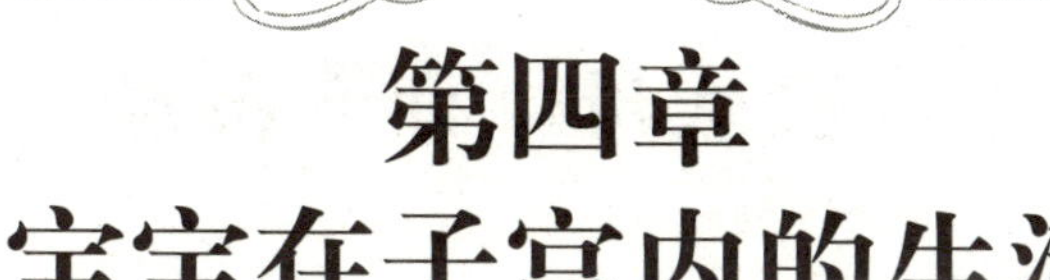

第四章 宝宝在子宫内的生活

前面讲的几个孕期并发症都是源自母体。而怀孕除了母体的变化之外，自然还有和胎儿有关的事情。

如果说子宫是宝宝居住的第一间婴儿房的话，那么羊水、脐带、胎盘就相当于婴儿房里的配套设施，在医学上，我们称其为“胎儿附属物”。这些配套设施当然是为了配合胎儿生长发育的，它们是连接妈妈和宝宝的桥梁；而如果这些配套设施出了什么问题，那么，出现危险的可能不仅仅是胎儿。

这一章，就专门讲讲“婴儿房”里的这些物件。

—01—

羊水能载舟，亦能覆舟

在逐个介绍这些配套设施之前，有必要先来参观一下这个“婴儿房”。

宝宝来到这个世上居住的第一个房间当然就是子宫了，而这个房间里充满了羊水。人类是不能在水里呼吸的，所以胎儿在出生之前肺是没有被打开利用的，宝宝所需的氧气和营养物质全部都由脐带供应。这条细细的脐带一头连着宝宝的肚脐眼，另一头连着胎盘。胎盘外观看上去就像一个圆饼，但如果放到显微镜下看，就会发现有无数像树根一样的东西扎根在子宫壁里。这些“树根”在医学上被称为胎盘绒毛。胎盘的这些“树根”有多少呢？如果我们把这些扎根在子宫壁里的绒毛都铺平的话，面积大约是14平方米，足够做一个宽敞的卧室了！而子宫壁内的血管则是毫无保留地向这些“树根”敞开的，血液是极其丰富的，可以说，胎盘的这些“树根”就是完全“泡”在子宫里。

研究发现，到了孕晚期，母体子宫血管内的血液以每分钟500毫升的流量进入胎盘的绒毛间隙，就是说母体每分钟就要有大约一矿泉水瓶的血量被送到胎盘位置，供胎儿从中吸收养分。人体内全部血液总共 4000 ～ 5000 毫升，就相当于每分钟会有 10% 的血液流经胎盘。

在对“婴儿房”有了大体了解之后，我们再来逐一对这些设施进行介绍。

羊水的主要成分是胎尿

先说说羊水。羊水是什么呢？从来源上讲，羊水的主要成分就是胎尿，当然还有少量其他来源，如羊膜分泌等，但是主要还是胎尿。前面说过，胎儿居住的宫腔里充满了羊水，但是胎儿也不是简单“浸泡”在羊水中的，他还会和周围的羊水有互动，比如说吞咽。足月的胎儿在宫腔里每天可以吞咽 500 ～ 700 毫升的羊水，相当于每天喝一瓶娃哈哈矿泉水。所以，说人是吃屎长大的恐有不妥；但是，说人是喝尿长大的，那绝对是有科学依据的，而且，还不是一般的尿，百分百纯天然——童子尿！可别觉得恶心啊，别想象成你自己的小便，胎尿和成人小便完全两码事。胎儿在子宫里面，没有受到一点儿外界尘世间的污染，可谓冰清玉洁，羊水里也就只有少量激素和无机盐。

由此可见，羊水在宫腔里不是一潭死水，而是一边在生成的同时，一边又通过各种渠道被吸收回去，比如宝宝的吞咽，所以，羊水是在动态变化的。那么，羊水的量也就不会是固定的值，而同样是在不断变化的。所以，你去产检做 B 超测量羊水指数，每次的数值都不一样，可能上次指数只有 8 厘米，这一次就有 13 厘米了，没准就差了一泡小便呢。只要羊水的量在正常的范围内波动就是正常的。

羊水栓塞症状没那么热闹，但很可怕

《道德经》上说：“天下莫柔弱于水，而攻坚强者莫之能胜，以其无以易之。”水，自身无定形、无定向，可“处众人之所恶”，可谓“大象无形”，因此也最让人琢磨不透。就像羊水，当它在子宫里的时候，是胎儿生长发育不可或缺的环境；但是，如果它去错了地方，结果可能也是毁灭性的。

曾经有一次，春哥前一天夜班，一直到第二天中午还没下班，在食堂碰上他，人看上去还很兴奋，简直就跟打了鸡血一样。

“春哥，还以为你已经回家了，干了一个通宵了怎么还在啊？进化成钢铁侠了？”

“昨晚又抢救了，还要写记录，这才刚忙完。”

“又抢救了？快说说，什么情况？”一听说有抢救，我也来了精神。

“羊水栓塞。”春哥吃了口菜，轻描淡写地说了这么四个字。

我顿时一口饭差点儿没喷出来：“什么？羊水栓塞？”

“是啊。”虽然春哥的语调依然平静，但是，从他微微上扬的眉毛和上挑的嘴角中，我看到一丝得意的微笑。

“现在患者情况怎么样？”

“要是患者情况还不稳定，我现在能在这儿吃饭吗？”春哥得意的微笑渐渐在脸上晕开了。

“哇噻！这次真的是‘信春哥，得永生’了啊！”

春哥笑而不语，低头吃饭，感觉他此刻已经沉浸在巨大的成就感之中了。

“快快，具体说说，怎么发现的？产前还是产后发生的？”

“我想应该是产前就发生了。是一个凌晨拉产钳的患者，胎心突然减速，考虑胎儿宫内缺氧拉的产钳，结果胎盘出来以后就一直不停地出血。这个出血跟平时胎盘娩出后的出血很不一样，正常的应该是一阵涌出之后马上就少下去了，就算宫缩不好，再出血也应该是一阵一阵像喷泉一样地往外冒。但是这个患者的出血很不一样，是不停地流血，就像河水一样持续不停地流，颜色鲜红。”

“哦，那应该是凝血功能出现问题了。”

“嗯，我当时就觉得不对，马上抽了血去化验。”

“那患者还有什么其他症状？比方说传说中的大呼一声就不省人事之类的？”

“你当拍电影呢？真正紧急的时候，哪有那么热闹？‘大音希声’听说过吧？有时候，安静才是最可怕的！”

“那患者就没有一点儿其他表现？”

“有啊，我当时边缝合会阴边问她有什么不舒服，她说就感觉有点儿胸闷，透不过气来，那时候血压和血氧饱和度还是正常的。不过，这种出血表现，再加上这些症状，我就开始怀疑是羊水栓塞了，所以马上给了她两支甲强龙，然后叫血库备血。”

“然后就好起来了？”

“要是马上就好起来了，我现在就在家睡觉了！很快患者开始烦躁起来，本来还会回答我的问题，突然就不配合起来了，很急躁地对我说：‘医生，我都难过死了，你怎么还没好！’同时身体不停地扭动，血压和血氧饱和度也突然下降了。我知道肯定出事了，赶紧打电话叫三唤抢救。”

“当时出血很多吧？”

“到这个时候其实总出血量也不是太多，也就七八百毫升的样子吧，最多1000毫升。就这点儿出血量，在咱们产科还真算不了什么，但是急诊查的凝血功能提示已经严重DIC了。羊水栓塞就是这样，出血还没有很多的时候，凝血功能已经非常糟糕了，然后反过来再引起更加严重的大出血。大出血不是原因，只是结果。”

“看来昨天晚上是够你们喝一壶的了。现在患者意识怎么样？”

“很清楚。我来吃饭前复查的凝血功能已经明显纠正过来了。刚才我问患者当时有什么感觉，她说有一种濒死的恐惧感。”

医生也要会“独孤九剑”

一直到21世纪，全世界范围内的产妇生孩子也还是有生命危险的，虽然孕产妇出现危险的概率在逐年下降，但仍然不容忽视。而羊水栓塞就是产科杀手中的绝顶高手，死亡率在60%～80%，即使是在欧美这样的发达国家也概莫能外。用“九死一生”来形容羊水栓塞一点儿都不夸张。据统计，羊水栓塞是英国导致产妇死亡的第五大原因；而在新加坡，这一公认的卫生状况位于世界前列的国家，30%的孕产妇不良结局是因为羊水栓塞。

羊水栓塞除了结局差之外，还有一个更可怕的特点——发病急骤。这已经不是用“快”可以形容的了。因羊水栓塞而发生不良结局的患者中，大约有 1/4 是在出现症状后的 1 小时之内发生危险的，而从出现症状到最后的间隔时间，最短的只有 10 分钟！可以说，羊水栓塞起病前通常都毫无征兆，令人猝不及防，在医生还没反应过来的时候，患者已经失去抢救的时机了。

如此凶险的疾病，目前我们对它却还知之甚少。究竟是什么病因、什么发病机制、发病后体内发生了怎样的病理生理改变，目前都还不清楚。只是猜测，可能与羊水进入母体血液后引起的过敏反应有关。但是，后来又有人发现，在正常孕妇血液中也可以查出羊水成分，而实际上羊水栓塞的发病率却远没有那么高，只有 1/3000 ~ 1/30000。对于这种疾病了解得如此之少，也就更让医生防不胜防了。

前面已经提到，羊水栓塞的一大特点就是发病急骤，所以，医生在处理的时候，一个关键之处就在于反应要快。这就是医生和死神赛跑，要尽可能快地赶在死神之前，把患者拉回来。但是，因为羊水栓塞的临床表现多种多样，等到各种典型的临床表现都出来，足够支持诊断了，那时候也已经晚了。羊水栓塞给医生反应、处理的时间很短，所以，处理羊水栓塞，医生要像《笑傲江湖》中的“独孤九剑”一样，“料敌先机，后发先至”。

可以说，死神手下有几个向医生宣战的顶尖级杀手，而每个产科医生脑子里，都装满了这些杀手的惯用招数，等待杀手们随时过来挑战。碰上可疑症状的患者，都会在脑子里过一遍，看看符合哪种情况，首先找出针对大招的应急预案。但是，既然是顶尖级杀手，它如果总是按常理出招就好了，它总是喜欢先散布烟幕弹，冷不丁发个大招，让你猝不及防。所以，每个产科医生都不会放下戒备的心。

在那个夜班，春哥与羊水栓塞这个绝顶高手遭遇、过招，凭借他机警的反应和过硬的专业素质，最终战而胜之，把患者抢救了回来，他脸上得意的微笑也就不难理解了。相信这种巨大的成就感和满足感是其他任何职业都无法带来的。

— 02 —
脐带——胎儿在子宫里的生命管道

2004 年有一部非常精彩的电影叫作《蝴蝶效应》，主人公可以一次次地回到从前，在人生选择中做出一些改变，以期让未来更加完美。相信很多人也有过类似的想法，幻想假如让自己重来一遍，结果一定更好。不过，电影却告诉我们，其实未必。因为，你一个选择的改变，可能会像蝴蝶效应一样引起连锁性的改变，从而使最终结果远没有你想象得那么理想，甚至会更糟。当然了，本书是一本科普孕产知识的书，虽然讨论的是人生的起点，不过也无意抒发对人生的感怀。之所以提及这部电影，是因为电影的导演剪辑版的结局确实和本书有关。在那个版本的结局中，主人公最终选择了重新回到母亲的子宫中，牢牢地拉紧了脐带——他最终选择放弃来到这个世上。

电影只是电影，现实中是不会出现肚子里的胎儿自己拉紧脐带勒死自己的情况的。胎儿在肚子里可没有那种意识，他们没办法持续做这个动作。而且，电影中胎儿拉紧脐带的时候，他的妈妈反应强烈，甚至能感觉到他在拉脐带——这也是不可能的，因为孕妇可以感受到的子宫上的疼痛是来自子宫的收缩，而脐带被绷紧、胎儿缺氧时，是没有神经感受传递给孕妇的，所以孕妇也就无从知晓了。虽然胎儿不会在子宫里做持续拉紧脐带的动作，但是，脐带中的血流确实有可能被阻断，从而引起胎儿缺氧，而且，这个过程孕妇是没有异常感觉的。

脐带扭了22圈

我到产科的第一天，除了见识到了一次子痫抽搐外，根据我的日记记载，那一天我还见识到了一个引产的病例。

这是一个怀孕仅仅25周的孕妇，到医院的时候胎心、胎动都已经消失了，所以进行了引产。孕妇平时身体健康，没有妊娠期的并发症，但是早孕的时候做B超发现子宫稍微有一点儿纵隔。子宫纵隔就是指在子宫宫底的位置生出来一条隔挡，把子宫本来的一个房间分隔为两个房间。这个孕妇属于不全纵隔，就相当于在房间里放了一道比较窄的屏风，并没有完全分隔开来，大部分还是一个房间的。既然怀孕了，说明纵隔没有影响着床，所以就继续妊娠下去了。没承想才6个月，就发生了这样的不幸。

那么这道窄窄的屏风，是怎么影响到胎儿的呢？这要到引产之后才能知道。

胎儿被娩出来之后，我们发现，那条细细的脐带像扭麻花一样，密密地扭转了22圈！你拿一根粗一点儿的线扭一下就能体会到，当脐带发生扭转的时候，张力其实是变大了，尤其在脐带插入胎盘的位置，可能就会被拉细，从而导致缺血。胎儿的生命线被阻断了，于是悲剧就发生了。其实，正常情况下，脐带也会有一些生理性的扭转，但是这个扭转的角度很缓和，一般也就 6 ～ 11 圈，不会对血流造成影响。那么，这个胎儿的脐带为什么会扭了这么多圈呢？我们猜想，也许是因为那道屏风，使得宫腔这个房间的形状变得不规则，胎儿在房间里活动的时候不是随心所欲的，而是有可能受限制的，只能向着某一个方向活动，时间长了，脐带可能就会发生这样的扭转了。

因此，子宫的畸形也是发生晚期流产和胎心突然消失的危险因素。

监测胎动比家用胎心仪管用多了

那么，对于孕妇来说，发生这种事情就一点儿感觉都没有吗？确实有可能是这样的。这种脐带的异常，即使做 B 超检查，也几乎是没办法发现的。因为脐带因素而出现的胎心突然消失，确实很难提前防范。我们不止一次地在接生之后才发现，原来这个宝宝的脐带打了个死结！然后庆幸这个宝宝的命真大，因为那个结还没有完全打紧。如果说会稍微有点儿帮助的，那可能就是准妈妈们要注意平时的胎动了。准妈妈们要熟悉胎儿胎动的习惯，他每天也是有自己的作息的，而可以熟悉他在子宫里的作息习惯的，就只有妈妈一个人——根据他的胎动情况来判断。通常情况下，只要胎儿的胎动习惯没有什么改变，那么应该还是安全的。而如果发现胎动有异常，比如胎动特别剧烈，或者平时这个时间都会动得比较多，今天动得很少，甚至有一段时间没有什么胎动，那么就要提高警惕，尽早到医院就诊了。

有孕妇说网上有卖家用胎心仪的，是不是可以依靠在家里听胎心来监测胎儿在宫内的安全，只要胎心的次数正常，那么就可以放心了？这里提醒各位，这种家用胎心仪，平时拿来听一听、解解闷还是可以的，而如果胎动发生异常，可千万别以为自己听听胎心还正常就不当回事儿了。在医院，医生做的胎心监护是要监测一段时间内的胎心变化的，而在缺氧的早期，可能胎心还是正常的，等到你在家里听到胎心慢下来了，估计到了医院也来不及了。

所以，对于孕妇来说，最好的监测胎儿在宫内情况的方法，就是每天关注他的胎动情况。

脐带绕颈没那么可怕

相比起脐带扭转，准妈妈们接触更多的可能是脐带绕颈。发生脐带绕颈的情况明显比脐带扭转多很多，而且B超也可以很容易地发现。更重要的是，和脐带扭转比起来，脐带绕颈要安全得多了。

脖子是人体比较脆弱又很重要的位置，里面有大血管和气管通过，又缺乏强壮的肌肉保护，所以如果脖子被勒住了，那可就不得了的。而如果勒脖子那根“绳”又是脐带呢，就更不得了了。脐带里是给胎儿供氧的血管，如果胎儿的脖子被吊起来了，那脐带不就被拉紧了吗？这可太危险了！

其实还真没那么危险。很多人把脐带绕颈想象成“上吊”一样的场景，但其实不是那么回事儿。上吊是一根绳子从上面挂下来，吊在脖子上，当身体向下坠下去的时候，脖子就被勒住了。而脐带绕颈的这根“绳”不是从上面挂下来的啊，它是从肚脐眼发出来的，你想，从肚脐眼拉一根绳子绕在脖子上，怎么能勒得紧呢？它会从肩膀上溜下去的啊。再说了，既然胎儿可以自由活动，脐带可以绕得上去，同样也可以绕得下来，所以说，如果B超发现脐带绕颈，大可不必担心。有些人看到脐带绕颈就紧张得不行，要求剖宫产手术，这就有点儿过于焦虑了。别说脐带绕颈一圈了，就是绕了两圈三圈，也不是就不可以阴道分娩的。

当然，不是说脐带绕颈一点儿风险都没有。脐带绕在脖子上，相当于脐带的实际长度被缩短了，那么在分娩的时候有可能会阻碍胎头下降，延长产程。另外，如果绕的圈数太多或者太紧，有可能会使脐带内的血流受到影响。不过这都是比较少见的现象，即使出现了再去做剖宫产一般也都来得及。所以，发现脐带绕颈是不用大惊小怪的，只要顺其自然，对胎儿做好监护就可以了。

— 03 —

胎盘——是生命线，也是原子弹

讲完羊水和脐带，最后再说说胎盘。可以说，胎盘就是一个储血的大仓库，是胎儿在宫内发育的生命线。

正常情况下，胎盘定植的位置是在子宫体上，分娩的时候，胎儿首先经过宫颈从阴道内分娩出来，随后，在半个小时之内，胎盘自然剥离。当胎盘剥离的时候，这个大的储血仓库会有一阵比较大量的出血，那是那一时刻恰巧存放在仓库内的血液。随即，因为胎儿已经生出来了，子宫内的容量明显下降，所以子宫会发生强烈的收缩。就像在第一章中提到的那样，随着子宫的收缩，子宫壁上的肌肉会像一道道闸门一样，紧紧卡住子宫内的血管，从而起到压迫止血的作用。所以，虽然在孕期胎盘内有大量血流经过，但是正常分娩之后，随着子宫的收缩，这些血管会被卡牢，所以产后虽然会有一定量的出血，但通常不会超过 500 毫升，这样的出血量对于产妇来说，影响是很小的。

人是大自然设计的运行极度精密的仪器，环环相扣，叫人不得不赞叹造物主的神奇。但是，如果哪个环节出了问题的话，后果可能就非常可怕了。比如胎盘，正常的时候它是对胎儿至关重要的生命线，而当它出现问题的时候，可能就是一颗致命的原子弹！

再淡定的医生碰上胎盘早剥也紧张

前面提到过我的偶像徐子龙，专业技术可谓精湛，处事沉稳潇洒，几乎没怎么见他紧张过——几乎！他不紧张，是因为在他看来事情都还没急到份儿上，都还在他的掌控范围内，既然有办法一一化解，干吗还要紧张？不过，我确实见到过龙哥紧张的样子，那次是真的碰上急的了——胎盘早剥！

当时患者是因为骑车摔倒了，结果肚子着地，然后就是腹痛，没有流血。等来到我们医院急诊的时候，肚子的张力已经很大了，胎儿心跳也很慢，孕妇心跳加速、血压下降，出现了休克的症状。这种情况下，医生做出诊断其实是不难的，但问题是诊断不是目的，更重要的是得赶紧解决问题。

对于这种严重胎盘早剥的患者，急诊做剖宫产手术是唯一的出路。于是急诊马上通知住院部的医生接管，被通知到的正是徐子龙。龙哥当然也不敢怠慢，跟急诊说，住院手续先慢慢来，以后有的是时间再补，赶紧把患者直接送手术室。我当时正在手术室等待开刀，于是就见到了龙哥紧张的样子。

患者是白天来急诊的，那个时候手术室里的手术正进行得热火朝天，龙哥风风火火地推着患者冲进手术室的时候，所有手术台上都已经排好患者了。

“没有手术台了？”龙哥急了。

“不行不行，绝对不行。血压下来了，血压下来了，再不开就没了。得给我手术台，得给我手术台！”徐子龙额头上渗着汗珠，不知道是紧张的还是推着患者跑过来累的。

看着徐子龙在那儿反反复复地絮叨着同样几句话，当时手术室的人都知道，龙哥也有点儿 hold 不住了。

“徐子龙都紧张了，那这事儿有点儿大，谁那儿还有没开进去的啊？”虽然很多人都还不了解具体什么情况，但是徐子龙的为人大家都还是清楚的，他能急成那样，这事儿一定小不了！

已经上了手术台的患者又被拉下来了

当时在等待我开刀的是一个双胎患者，刚刚要摆好体位准备打麻醉，既然碰上这样的急诊了，也只能去向患者解释让台子：“现在有一个很急的患者，要马上手术，没有空着的手术台了，只有你还没打麻醉，就只好委屈你配合一下，帮忙让一下手术台吧。”

“啊？让手术台？我的手术不做了吗？”患者显然有些不情愿。

“不是不做了，是时间要推后一点儿。有个很急的患者，能早做一分钟就有一分钟的希望，所以要配合一下先给她手术。具体没时间解释太多了，我先代那个患者谢谢你了！”

就这样，那个双胎的患者只是在手术台上躺了那么一会儿，麻醉还没打，就又被请到了准备室。

仅仅要到手术台是远远不够的，徐子龙一边洗手一边吩咐麻醉师：

“不要打硬膜外了，局麻药给我打到台上，我先局麻下把孩子捞出来，然后你给上全麻吧。”

这是我见过最快的术前准备，最快的进腹。胎儿很快出来了，很遗憾，最后没有抢救成功；但是，因为之前足够节省时间，子宫还是保住了，子宫保住了就等于保住了希望。

胎盘早剥，顾名思义就是本来应该在胎儿娩出之后才剥离的胎盘，在胎儿出来之前就提前剥离了。这可不得了，胎儿在肚子里还指望胎盘获取氧气呢，你这提前剥离了，胎儿的氧气从哪儿来？这就相当于把胎儿闷在肚子里了。前面提到，胎盘的背后是一个巨大的储血仓库，胎盘剥离之后要依靠子宫的强烈收缩来卡住子宫内的血管，从而达到止血的目的。可是，如果胎盘剥离的时候，胎儿还没有出来，那么子宫内的容积太大，根本没办法有效地收缩止血，于是，还会源源不断的有血液被供应到胎盘附着的位置，从而造成严重的失血。这还不算完，如果失的血可以从宫口流出去还好，但如果胎盘剥离的位置很高，失的血根本流不到外面，反而继续积在子宫里面，那么子宫内的张力就会继续增大。当张力大到一定程度的时候，甚至会把子宫里的积血压到子宫壁里去，造成子宫肌层纤维的断裂。这就好像房间里的水太多了，就会被挤压到墙壁里去，造成墙壁内钢筋的断裂，到那个时候，就算把胎儿娩出来，积血清空，把子宫的容积减下来，子宫也很难良好地收缩了，因为肌层被损伤了。子宫不收缩就等于大出血，为了抢救生命，最后就只能把子宫切掉。这种积血被压迫进入子宫壁的现象，医学上称之为“子宫胎盘卒中”，是一种非常危急的情况。

胎盘早剥的严重程度也跟胎盘剥离的面积有关，如果剥离面积比较小，那么出血可能也不会很大，所以，并不是所有胎盘早剥都像龙哥碰上的这么紧急。当胎盘早剥还没到非常严重的时候，医生诊断也就不那么容易了。不过，不管严重程度如何，如果孕晚期出现了外伤，或者肚子受过严重撞击，或者出现不明原因的阴道流血，都应该警惕胎盘早剥的发生，及时到医院就诊。

— 04 —

前置胎盘——挡在门口的一堵墙

除了胎盘早剥，还有一种和胎盘相关的重病，叫作前置胎盘。本来胎盘的位置应该在子宫体部，分娩的顺序应该是宝宝先出来，然后才是胎盘。而前置胎盘顾名思义，就是胎盘的位置挡在宝宝的前面了，相当于在产门的里头又加了一道墙。根据胎盘这道墙阻挡产门的程度，又分为边缘性前置胎盘（“墙”紧挨产门，还没有挡上）、部分性前置胎盘（挡了一部分产门）和完全性前置胎盘（完全把产门挡住了）。因为胎盘的位置太低，所以子宫在增大的过程中，下段被拉长，胎盘和子宫壁之间会发生错位，从而引起孕期无痛性的阴道流血。如果流血的量不大的话，还可以再延长一下孕周；但如果出血很多，大人都要休克了，那么就只能终止妊娠了。

要说起来，如果胎盘把产门挡住了，宝宝没法经过产门生出来，那么做剖宫产不就行了吗？还真不是这么简单。因为剖宫产手术的部位是在子宫的下段，也是比较低的位置，这里切开子宫进去也是胎盘。为了把宝宝能捞出来，得先拨开一部分的胎盘组织，相当于人为地先把胎盘轻度早剥了，腾出地方来，然后再赶紧去捞孩子。这还不算完。因为胎盘附着的位置不好，子宫下段土地肥沃程度明显要比体部的差，所以胎盘要想获得充足的养料，就只好扩大面积，同时把树根往深里扎，这样就造成了前置胎盘的病人胎盘面积特别大，而且胎盘和子宫壁贴得非常紧密，我们称为胎盘粘连。而如果胎盘的树根扎到子宫的肌层甚至扎穿子宫了，我们称为胎盘植入。胎盘粘连尤其是胎盘植入，都会严重影响子宫收缩，引起难以控制的产后大出血。

对于孕妇来说，发生了前置胎盘那可真是摊上大事儿了，最好是到大医院就诊。不过，就好像重点高中的学生也不一定都能考上大学一样，即使是大医院，医生水平也有高低。

找医生也不能迷信职称头衔

我们医疗小组，除了蒋玉和我，我们的上级医生就是霍主任。霍主任已经做了十年的副主任医师，但就是晋升不了正高，原因就是一个——论文不够！

如今医院里医生职称的晋升，临床水平如何并不重要，最关键的要看你有没有课题，有没有科研论文。就算你手术没做过几例，但是论文发表得够凶猛，那么晋升职称总是不成问题的。而那些醉心临床的医生，实在懒得去搞科研，那么你手上的活儿再漂亮，能晋升到副高已经算不错了。医院里规定的专家门诊、名医门诊，其实都只是按照职称来排的，如果你的职称还没有晋升好，那么不管你临床水平如何，有些门诊也都没资格看。

所以，以后去医院看病，也别太迷信医生的头衔，可能真正临床水平高的医生，还真没什么高的头衔。曾经有位学校领导要来开刀，托院领导帮忙找个水平好的医生，院领导开玩笑地问他，两个医生，一个是正高博士，论文发了很多，所以临床上被分散了一些精力，但是可以看“名医门诊”；另一个是多年的副高硕士，没啥论文，但是整天就泡手术室那种，所以一直没再升上去，平时是没资格看“名医门诊”的，您看打算选哪个呀？

以目前国内医生的晋升机制，是没办法反映医生的临床业务水平的。要想找靠谱的医生开刀，最好不要迷信那些职称头衔，还是听听本院医生的评价。而本院医生当中，最好是听听麻醉医生的评价，因为麻醉医生长年驻扎在手术室里，每个医生的手术情况都尽收眼底，自然会有比较。所以，如果麻醉医生们认为手术好的，那么应该就是靠谱的。

我们组的霍主任就是整天泡在临床的一位，而对于职称的晋升看得很淡。她常说，我就是个普通医生，也没有什么太高的追求，只要能把病看好，把手术做好就行了，至于科研嘛，总会有牛人去做的。如果说“医痴”徐子龙就像是醉心武学的周伯通的话，那么霍主任就是对门派之争懒得理会的风清扬。

一个前置胎盘手术，就是组织几个科室的大会战

有一次，我们组接收了一个前置胎盘患者；而且，这个患者之前还做过一次剖宫产手术。对于这种之前做过剖宫产的瘢痕子宫，同时

又合并前置胎盘的，在医学上还另外给了它一个名字——凶险性前置胎盘。是不是单看名字都有点儿毛骨悚然了。前置胎盘已经够凶险了，它这还是前置胎盘里的凶险型，简直就是飞机中的战斗机、特工里的007啊！之所以说它凶险，是因为胎盘跨过子宫上的瘢痕，而瘢痕位置肌层薄弱，很容易出现植入，甚至穿透性的植入，就是胎盘直接往子宫外面长了。而子宫的前面就是膀胱，所以，甚至会有胎盘穿过子宫侵入膀胱。这种情况的手术，大出血是必然的，甚至子宫切除的可能性都非常大。可以说，凶险性前置胎盘，你不去碰它，手术之前可能不会有太多出血；而一旦手术开进去了，那就是捅了马蜂窝了，不，应该是开了泄洪闸，会不断地有鲜血涌出。

不过，这样凶险的病例，在霍主任那儿倒也不是什么新鲜事物了，之前已有过多次交手。所以，这次患者住院进来，霍主任处理起来也是轻车熟路。

“术前先做个B超和核磁共振，详细了解一下胎盘位置和植入情况，提前计划好切开子宫的位置和胎儿娩出的路径。跟血库联系好，术中输红细胞，并且备好充足的血源。和麻醉科、ICU联系好，做好术中抢救准备。另外，手术之前通知一下新生儿科，术中一旦胎儿娩出出现窒息，需要他们帮忙。”

虽然面对的是一个患者，但是显然霍主任正在组织一次大规模的会战！这需要各个科室间的通力合作，需要手术前详细周密的计划，当然，更需要主刀医生精湛娴熟的技巧。

战斗打响前要先扫清外围

在经过一番精心准备之后，就要开始手术了。而在手术划刀之前，麻醉医生已经在静脉里给足液体作为储备，而且，红细胞也已经拿到手术室里了。霍主任逐层打开腹腔，只见子宫下段前壁血管怒张，最粗的有小手指那么粗，而且还有很多根匍匐在那里，就像警匪片中连接定时炸弹的一根根电线一样。不过电影里的电线有红的有蓝的，你得选对了剪断，而这里的血管每一根里淌的都是血啊！这些恰恰印证了之前核磁共振片子上的表现——胎盘植入的情况非常严重，应该已经穿透到膀胱了。这种情况下如果贸然切开，这些粗大的血管会变成打开的水龙头，毫无节制地向外流血，在胎儿还没出来之前就已经造成严重失血了。所以，磨刀不误砍柴工，霍主任先一根一根地分离出匍匐在那里的血管，再一根一根地剪断结扎，将其各个击破，就像拆弹部队剪断炸弹的电线一样。只不过对于这个手术来说，剪断这些血管，只是有助于尽可能地减少出血量，但是还远远不足以拆除炸弹。

几分钟过去了，血管结扎结束，整个创面很干净，几乎没有什么血迹。虽然这是清扫外围的工作，但是，凭借霍主任训练有素的专业素养，并没有花费太多时间。霍主任轻舒了一口气，抬头看了一眼麻醉医生："怎么样，准备好了吧？我要开工了！"

麻醉医生冲着桌上准备好的各种盐水袋和抽好抢救药品的针筒一仰头："开始吧！"

手术台上的医生，就是战场上的将军

霍主任的手术刀切开子宫的那一刻，就是打响了战斗的第一枪，鲜血一下子就涌了出来。然后她以极快的速度拨开阻挡的胎盘，伸手进宫腔抓住胎头。我马上在宫底的位置向下用力推压，胎儿很快被娩出。我用吸引器尽可能地吸掉涌出来的血，使手术视野清楚一些。霍主任又快速伸手进去探查胎盘。

“整个前壁大面积植入，不要剥了，准备子宫切除吧！”

子宫，对于女性的重要性不言而喻，一旦切除子宫，患者将永久性丧失生育能力。而子宫切除后对于患者心理上的打击恐怕比丧失生育能力这一生理上的打击还要大。但是，为了挽救产妇的生命，必须当机立断！因为子宫已经打开了，现在可是在以每分钟500毫升的速度出血，没有时间让你犹豫！都说在战场上，将军要善于把握住转瞬即逝的战机，我想这个“转瞬即逝”再快，恐怕也比不过产科医生在手术台上所要面对的“战机”，而产科医生也必须拥有战场上将军所要具备的素质，因为这里的转瞬即逝，是真的“瞬间”，也是真的“逝去”。这一刻，为了挽救生命，真的需要付出一些代价，甚至是沉重的代价。

决定做好，霍主任马上用两把大的血管钳夹住双侧子宫血管，并且把一块大纱布塞进宫腔压迫止血。而另一边，台下也马上有医生去和患者家属谈话，交代病情，签署子宫切除的手术同意书。

最后，子宫被顺利切除，手术结束，患者总出血量达到4000毫升，几乎相当于体内的血液被换了一遍。有惊有险，虽有沉重的代价，但换来的是那声婴儿的啼哭和产妇的生命。

— 05 —
产科夜班：你永远不知道在前方等着你的是什么

马上要过春节了，医院里各个病区都挂起了灯笼、剪纸，一派节日气氛。只有产房里，除了记事板上“欢度春节”四个大字之外，其他一点儿都看不到过节的样子，更不要提“欢度”了。不过，大家空下来聊天的话题倒是有些年味儿了。比如，大龄女青年年关难过啦，小两口去谁家过年啦，去哪个网站划拉便宜年货啦，等等。

那是我过年前的最后一个夜班。我的一唤李笑人如其名，整天乐呵呵的，虽然属于大龄女青年之列，不过她倒是一点儿都没觉得年关有什么压力。

“找老公又不是菜市场买萝卜，打眼一看，顺眼了就买走，买回家发现是糠萝卜大不了就扔了。那可是要过日子的，以前不让我谈恋爱，现在哪能说找就找得到啊！我妈他们现在也不敢催我，催我我就怪到他们头上，谁让他们以前管我那么严呢。”

“你心还真挺宽。助产士玲玲比你得小三四岁吧，前两天还在着急老了老了嫁不出去了呢。”

“这着急归着急，我也想早点儿把这事解决了，但也不能凑合啊！这生孩子可以先生生看，万一生不出来可以去剖宫产；结婚这事儿可不能先结结看，结了以后不合适再离，那事儿可就多了。”

“说到生生看，待产室 2 床的肚子看上去有点儿规模，现在是在生生看了，你得盯紧点儿，万一产程不顺利了，早点儿处理。”

“放心吧，我看今天产房其实还挺安耽的，这才有点儿过年的样了嘛！”

暴风雨前的寂静

产房夜班就是这样，忙起来喝口水的工夫都没有，不过平静的时候也还是有些祥和的感觉的。于是我把产房交给李笑，自己回病房整理病历去了。患者住院生个孩子，医生护士好像就是干了个接生的活儿，但实际上还有很多文案工作要做，各种记录、保卡、签名，各种检查单的打印。在国外，每个医生都会配有专门的文案人员做辅助，因为医生的劳动力是很贵的，雇用 10 个辅助人员恐怕也比雇用一个医生便宜，所以，医生只要处理临床问题就可以了，而不用浪费太多的时间去做这些杂活儿。国内就不一样了，医生既要能开得了刀，又要能修得了打印机，而且还要每天加班，否则那堆积如山的病历是没法在规定期限内上交病案室归档的。

值夜班的时候还能有工夫整理病历，这真是相当难得了，看来老天爷开眼了，临近春节也给我过年啦！

病历整理到将近 11 点，打电话叫李笑一起去食堂吃点儿夜宵，顺便也问问她待产室 2 床生得怎么样了。

“我打算控制体重了，冬天不努力，春天徒伤悲，夏天徒伤悲啊！夜宵就免了吧。”

“你算了吧，控制体重那是孕妇的事儿，你这值夜班呢，得吃点儿东西补充好能量，后半夜还要干活啊！”

“大过年的也不说点儿吉利话，凭什么后半夜要干活啊！”大概是被我说得有点儿紧张了，李笑最终还是来到了食堂。

“待产室 2 床怎么样了？”我边吃着馄饨边问李笑。

“生啦！ 7 斤 8 两的孩子，50 分钟结束战斗！那第二产程看得真是让人心情舒畅，眼睛一闭一用力，就看着小脑袋往外冒。是不是过年了，这地球引力也增大了啊，还是我的命好啊，生得这么顺利！”

“值夜班最忌讳说自己命好这样的话了，万一给老天爷听到，就要给你点儿颜色瞧瞧了。”

“好吧，呸呸呸，算我没说，老天爷我错了还不行吗。”边说着，她还双手合十地拜了拜。

“不过过年的夜班确实是要当心点儿，这种时间患者都不愿到医院去，有点儿什么不舒服就想先挨一挨，等挨过年再到医院去看。所以，这种时间的夜班，要么不收患者，要收可就有一个算一个，肯定不会轻了——那都是实在挨不过去的了！而且，下级医院过年的时候人手紧张，碰上危急重症的也不愿自己留着，不想大过年的给自己找麻烦，所以，有点儿什么问题的也都喜欢往上级医院送。送到我们这儿就没法再转了，什么重病人都要吃进去，所以晚上还是要当心一点儿。”

这次李笑没再说话，只是边吃边点头，看来她是真的要给自己补点儿能量了。

夜宵吃完，后半夜开始前，我们一起去产房简单查了个房，没发现什么大问题。于是李笑继续驻守产房，我回到值班室，准备迎接未知的后半夜。

从病史汇报来看，孕妇已经是休克前期了

因为睡得很浅，所以手机铃声响一次就足以把我叫醒，一看时间是凌晨一点多。电话一接通，就听到李笑语速极快地汇报病史：“喂，鸡哥，听到吗？急诊室刚来一个患者，经产妇，孕 34 周，没有正规产检，出血好几天了，这次量特别多，目前宫缩比较紧，腹部张力比较大，阴道大量流血。今晚在当地医院看过，做了个 B 超提示胎盘在子宫后壁，因膀胱充盈欠佳，胎盘下缘显示不清，就送到我们医院了。我怀疑有胎盘早剥，目前胎心偏慢，只有 100 ~ 110 次 / 分，孕妇心率将近 120，血压和氧饱和度还算正常。”

听得出来她有些紧张，但是思路还是很清晰的，几句话就把患者的基本情况讲清楚了。阴道大量流血，孕妇心率增快，胎心减速，这些都是孕妇休克前期的表现，几个词就足以让我完全清醒过来了。

“马上术前准备！有没有通知血库交叉备血？”边说着我边从床上弹起来，拎起身边的白大褂。

“血型、血交叉已经抽好，也开放了静脉通路，我这正准备往手术室送！”

静脉通路不是医院里的通道，而是身体上的静脉血管。因为人体休克后很多血管可能会瘪掉，到时候想要再静脉打针补液输血就非常困难了，所以要赶在休克前，血管还比较充盈的时候，在大的静脉上留置针管，挂上盐水以备用。

“好，我马上到！手术我和进修医生做，你去找家属谈话。”这时候我已经冲向手术室了。

遭遇战——战斗一旦打响，你就没有退路

跑到手术室，患者已经在打麻醉了。我先去看了一眼心电监护，脉搏 120 次／分，血压、氧饱和度正常。护士汇报：“刚刚听胎心 104 次／分，和送来时的情况差不多。”

“怀孕期间没建围产期保健卡吗？”

“第一胎怀孕和生都很顺利，所以这一次就刚怀孕的时候做了个 B 超。”患者回答。

“出血时间很久了？”

“也就两三天吧，但是都比月经少一点儿。刚怀孕的时候也出过血，去看过医生，也没什么事，休息几天就好了，这次本来想过完年再到医院看的。”

病史上也获得不了多少信息了，我转向李笑：“手术签字有没有签好？”

“签好了。她老公一大老爷们儿都在那儿抹眼泪了。”

“行，还算疼老婆。赶紧打电话问血库有没有备好血！液体快速进去！胎儿只有 34 周，联系新生儿科的医生到场！我去洗手了。”

我一边洗手一边想，这个患者还算幸运，来到医院马上就有手术台可以用。医院晚上的值班力量肯定和白天是不一样的，通常夜班医生要比白班管理更多的患者。如果急诊患者来了，正好又有几台手术在开，实在人手不够，那么就只能从家里往医院叫人，虽然可以保证半个小时之内赶到，但毕竟也还是要等半个小时啊。像这样的重症患者，手术时间相差半个小时结果可能就完全不一样了。所以，晚上的手术都是只开急诊不开择期手术（择期手术：术前有充足的时间，允许你做好充分的术前准备，就是说手术今天做还是明天做影响都不大，比如一些良性疾病的外科治疗），不能让那些并不紧急的手术占用了急诊资源。

洗手、穿衣、戴手套，我以最快的速度进到腹腔，切开子宫下段——没有预想中的血性羊水，而是红呼呼的一团肉。

“胎盘！”

两个字从我嘴里跳出，心里已经在暗暗叫苦了。很显然，我是急诊碰上前置胎盘了。前置胎盘的患者最怕打无准备之仗了。前面提到霍主任做的那台前置胎盘手术，术前做 B 超、核磁共振，充分了解了胎盘和子宫壁的关系，了解了胎盘的附着位置。手术开始的时候，麻醉医生、众多医生、护士抢救人员都在边上随时待命，抢救药品和备输的血就在手边，无论是战略上还是装备上，都是严阵以待了。霍主任“开始了”的战斗号角吹响的时候，她不是一个人在战斗，而是有一群抢救人员在场共同努力。所以，虽然那个患者有严重的胎盘植入，非常凶猛地出血，最后还付出了切除子宫的代价，但好歹子宫血管结扎掉之后，整个局面就已经完全在掌控之中了。

而眼下，就在这个晚上，完全两样了！

这就像夜间巡逻的小分队，撞上了敌人装备精良的主力军，而且对对方的情况毫无了解，是完完全全的遭遇战！

但是，既然战斗已经打响，你就毫无退路了！

前置胎盘大出血，虽然产妇已经有休克的表现了，但是此刻，还有一个生命更需要援救，那就是肚子里的宝宝。要知道，手术开始的时候已经有胎心减速了，这个小生命可是更加脆弱、更经不起折腾！现在还不是顾及产妇出血的时候，而应该用最快的速度把宝宝捞出来！产科医生关系着两条人命，在这一刻体现得淋漓尽致。可是，要捞出宝宝总要先见着面吧，现在挡在面前的却是胎盘啊！

饭要一口一口地吃，人要一个一个地救

这时候，我想起李笑汇报病史的时候说，当地医院 B 超提示的是胎盘在子宫后壁，现在在前壁看到胎盘，那么说明胎盘应该是从后壁跨过子宫口向上翻到前壁上来的，也就是说，在后壁的胎盘应该是大部分，而前壁部分应该比较小，那么继续向上剥的话胎盘应该会比较少了。于是，我马上沿着子宫前壁向上剥离胎盘。果然，手伸进去之后触到了羊膜囊，立刻顺势戳破，手就进了羊膜腔。谢天谢地，我摸到了小脑袋！

宝宝，不要睡了，叔叔要带你出来啦！

我一手牢牢抓住胎头，另一只手用力向一边拨开挡在前面的胎盘，同时助手帮我在宫底上向下推压，宝宝顺利娩出，整个过程大约几秒钟的时间。

大概是被搅了美梦吧，宝宝一出来，双手就做了一个向前搂抱的动作，并且哇地哭出声来——多么动听的一声啼哭啊！这证明宝宝在宫内的缺氧只是暂时的，目前的反应都非常好，接下来就要交给新生儿科的同事们去处理了。但是，现在还不是钟声和赞美诗响起的时候，没人有心情去欣赏小家伙的哭声，因为战斗还远没有结束，台上还有一个呢，而且还在出血！

“快，断脐！吸引器！催产素！”边说着，我的手再次进入宫腔，这次是要探查并且试图剥离胎盘了。因为术前对胎盘情况毫无了解，是否有粘连、植入，程度如何，全然不知。

“李笑，通知三唤来一下吧。”

做医生得知道自己几斤几两

请示上级医生这件事，还是非常微妙的。医院既然安排了不同等级的医生值班，就是方便低级别医生在处理不了问题的时候可以找得到援军，还能有个依靠。一旦你请示了上级医生，这个问题的责任就马上转到上级医生身上了，你自己的压力一下子就小了。但是，不是说碰上什么事儿你都要去请示，这样你确实是没什么责任了，但是一来，自己得不到锻炼，就像永远断不了奶的小婴儿，什么事儿都依赖别人，缺乏主见；二来，在上级医生眼里，你的临床业务水平也就显得比较低了，平时聊天说起来，“某某某那么大点儿事儿也要请示，自己都搞不定”，那么以后同事对你的信任度也要打折扣了。所以，不能什么事儿都汇报。但是，也不能什么都不汇报。毕竟你的水平有限，你得知道自己几斤几两，遇上事情不汇报，你能处理得很漂亮则罢了，万一捅了篓子，你得想想自己是不是能担得起。这个患者我一开始听到病史汇报的时候，首先考虑是胎盘早剥，那么如果手术马上进行，能够快速缓解宫腔内压力，没有严重的子宫胎盘卒中的话，情况应该还是可以控制的。但是，现在情况有变，变成了急诊的前置胎盘，出血量又比较大，搞不好要把子宫切掉，事情就不是那么好处理了。这就好像孙猴子在花果山瞎闹腾，玉皇大帝以为封他个齐天大圣就能把问题搞定了，没想到这家伙打到凌霄宝殿上来，以自己的手段怕是搞不定了，那么就只好去请如来佛祖助阵了。

通知过三唤之后，我又转而问产妇：“之前有没有过流产？”

“只是年轻的时候人流过一次。”

“多少岁的时候？”

“十八九岁吧。”

之所以要问是否有过流产，是因为既往的人流手术，有可能会对子宫内膜造成损害，而且宫腔内的操作病史，也是发生前置胎盘的危险因素。这个产妇虽然之前只做过一次人流，但是年龄比较小，而年龄越小，对生殖器官的损伤也就越大。一般女性小学或者初中的时候开始来月经，前面一两年可能都还很不规律，到十七八岁的时候，月经可能也就刚刚规律了两三年，这时候，整个生殖系统还没有完全成熟，这时候做人流，和二十七八岁的时候做人流，损伤是完全不一样的。佛说机缘皆有因果，年轻时候的一时大意，可能会给以后的分娩带来很大的麻烦。而子宫内膜损伤得越大，那么胎盘粘连或者植入的可能性也就越大。

我尝试着探了一下胎盘，感觉和宫壁间粘得没有想象的那么紧，还是有希望的，于是我试着将整个胎盘剥出子宫。感谢耶稣、佛祖、圣母玛利亚，胎盘被我剥下来了，虽然有些破碎，但拼凑一下还算完整。更加强力的缩宫药物用上之后，出血就没那么汹涌了，但子宫下段的后壁还是有几处像小泉眼一样汩汩地冒着血。

孕期有情况，千万别熬着

这时候，三唤已经到场了，了解过病情之后，他看了看出血情况，说：“现在出血情况没有那么凶猛了，血也已经在输了，患者情况还算稳定，我们的目标是尽可能地把子宫保下来，别管她以后生还是不生，能留住希望，在心理上也是完全不一样的。

“我看后壁这些出血的地方，应该是胎盘附着部位，血窦没有完全闭合，而且在子宫下段缺乏收缩力。小田，你先试着在出血的位置上‘8’字缝合一下，如果效果还不好，那就试着做宫腔填塞。”

“8”字缝合是外科缝合方法的一种，就是交叉进针，缝好之后，线像数字“8”一样将缝合的位置捆扎起来。

我按照三唤的指示，缝了几个“8”字，效果不错，几个泉眼也被堵住了。局面已经基本控制，估计战斗基本结束。三唤又嘱咐：“这个患者回去还要继续观察宫缩和出血情况，天亮和白班交班时要注意凝血功能，当心术后血栓形成。”

手术总算结束了。回顾这场恶战，患者出血大约2000毫升，是体内总血量的一半。虽然是遭遇劲敌，但我的运气也还算不错了。尽管是前置胎盘，但胎盘主要位于后壁，所以，胎儿娩出的时候相对容易一些；而且，胎盘的粘连不是非常严重，也没有明显植入，所以在胎盘剥出、应用强力的宫缩药物之后，出血得到了基本控制。对于准妈妈来说，正规的产前检查可以说是非常重要的，因为孕期漫长，你不知道什么时候会出现急诊情况，到时候医生可能来不及完善各种检查，他们可以获得的信息只能是来自产前检查，所以，完善的产前检查资料，对于医生处理孕期急诊情况至关重要。另外，孕期如果发生意外，比如阴道流血、流液，或者腹痛、腹胀，千万不要自己熬着，别嫌麻烦，去医院看看才是王道！

第五章 产房，生命很神奇

产房，每天都有新的生命在那里来到人间，相信很多人对那里充满了好奇，想知道那里究竟是怎样的好去处。是的，产房确实是迎接天使的地方，但是，产房里的动静，听起来却像恐怖的炼狱，充满了各种凄厉的惨叫。就是产房中凄惨的叫声和呻吟声，让很多在产房保过胎的孕妇，都对分娩充满了恐惧感。而对于医生来说，因为很多分娩的产妇要进行胎心监测，所以，产房的背景音乐就是“扑通扑通”的胎儿的心跳声。想象一下，以每秒钟 140 次有节律的心跳声作为衬托，你说话的语速也会不自觉地加快，再配以惨叫和呻吟，一种紧迫感油然而生。

在介绍了孕期的相关知识之后，接下来，我就要带领大家到产房，来观看一些生命诞生时的景象。

—01—
产科医生就是当了兵的秀才

说实话，在产房工作，永远都处于战斗状态。都说“秀才遇上兵，有理说不清”，而在产房工作的医生，那就是当了兵的秀才，只战斗，不说理。因此，对于产科医生来说，也没有多少工夫去体味人生百态，也就真的不知道人生百态从何说起了。

老话说“生孩子得把抽屉、橱柜全打开”

虽然生孩子的生理过程每个人都是差不多的，但是，我们国家地大物博，各地风俗千差万别。我有个同学在产房生孩子，爸爸妈妈公公婆婆一大家子人在产房外面等。开始生得还挺顺利，没想到过了两个小时产程停住了，医生出去向家属交代病情，让他们再耐心等一等。这时候，婆婆开始犯嘀咕了：“都打开了啊，怎么还生不出来？”

我同学的爸爸不明白什么意思，就问亲家：“什么打开了？”

“家里的抽屉、橱柜全都打开了啊。”

“啊？你是说他们小两口家里的抽屉、橱柜？”

“是啊，今天我来医院前，一大早先去了他们家，把这些门都打开了，要打开才生得出来啊！”

“嗨！你看看，闺女让我把产后束腹带拿过来，我也是来医院前去了他们家一趟，结果发现抽屉、橱柜门都打开了，还以为招贼了呢。检查了一下，好像也没丢什么东西，就又都关上啦！”

“啊？你全关上啦？那可不成！难怪生不出来！”

于是同学的婆婆立马回家开抽屉、橱柜门去了。说来也巧，婆婆开完抽屉、橱柜门，还没赶到医院，我同学竟然顺利生出来了！估计她婆婆一定觉得自己功劳很大吧，恐怕还会对这种谬论再做进一步宣传哪。

产房外面的爸爸们

作为一名男性，那就再说说待产的丈夫们吧。老婆在产房里生孩子，老公在门外面等，大多数都是紧张、兴奋的。可是，正所谓“林子大了什么鸟都有”，确实也有个别极品的，还在那儿忙着和人打牌呢，医生出来叫家属都不应。不过，更多的时候，男人并不是不关心老婆，实在是没有意识到。比如产妇和宝宝一起被送出产房的时候，因为老婆是一起生活了比较长时间的熟人了，而新出生的宝宝可是个生面孔，所以迎接的人会本能地先注意到这个小家伙，然后逗着玩玩儿，而冷落了大人。这种场面很常见，一般要我们医生跟家属说到产妇情况的时候，老公才能一下子反应过来：对了，还躺着一个呢！于是赶紧过来嘘寒问暖，握手擦泪，夸奖勇敢之类的。其实大多数刚刚做爸爸的丈夫还是爱自己老婆的，只是那一短暂的时刻没有意识到，也请伟大的母亲们理解一下刚做爸爸的男人们激动的心情吧。同时也提醒要做爸爸的人，大人和孩子出产房的时候，可千万别只顾着宝宝而忽略了大人。分娩的过程，妈妈们是非常疲劳、非常痛苦的，是急需周围人的鼓励和安慰的。如果面对一大一小，你首先是冲着老婆握手安慰的话，不管她嘴上说不说，心里肯定是非常温暖的。刘备当年就是这么笼络到了赵子龙的心啊！

保大人还是保孩子

在产房还会碰上一种情况，就是保大人还是保孩子。工作中在和产妇家属沟通的时候，有时就会有做丈夫的在最后加一句，如果只能保一个的话，就保大人。我估计他们是电视剧看多了，这医生还没发话呢，只是交代了一下情况，那边就主动做选择了。

说实话，我也不知道这种“保大人还是保孩子”的说法是从什么时候开始出现的，反正我工作中从来没有遇到过要去询问产妇家属这种残酷的问题，只是在影视剧中看到过。而且那些影视剧大多数反映的是四五十年前或者更早时候的情况。那个时候和现在一个很重要的差别——剖宫产手术少，且麻醉技术、手术技术、抗生素等都还不够成熟。

在过去，怀孕生孩子的风险是很高的，“孩儿的生日是娘的难日”“生孩子就是在鬼门关上荡一圈”，这些说法一点儿都不夸张。这个风险率高是多方面原因造成的，比方说孕期保健做得不够，产科并发症不能在早期发现，如前面提到的子痫发作、胎盘早剥、前置胎盘，等等；或者合并其他内科疾病，比如心脏疾病、肝肾疾病等，从而危及产妇生命。在分娩过程中，如果发生难产，处理不及时会出现滞产，引起子宫破裂，或者子宫收缩乏力大出血，这些都是要命的并发症。另外，产后出血、羊水栓塞就是放到现在，也是孕产妇发生危险的常见原因，更不要说在医疗技术落后的过去了。所以在古代，很多女性年纪轻轻就香消玉殒，很大程度上是因为怀孕分娩是一件高风险的事情。

而我一直没弄明白的是，有什么办法可以在牺牲母亲的情况下保全孩子呢？只要孩子还没有生出来，母亲就是胎儿全部的依靠，所有危及母亲生命的情况，肯定也是危及胎儿生命的。而且，新生儿还有另外的风险，比方说早产、感染、胎儿宫内缺氧等，这些都会危及新生儿的生命。所以，围产儿的风险率本身就比孕产妇的要高。

而现在，剖宫产技术可以说救了很多人的命。难产生不出来，那就做手术剖宫产，虽然有手术风险，但以现在的技术，总比难产引起子宫破裂或者大出血的风险要小。而且，通常情况下剖宫产既救了大人也救了孩子，不存在大人和孩子二者选其一的问题。

对一个产科医生来说，之所以压力大，是因为你的处理会关系到两条生命。遇到问题时，医生首先考虑的肯定是大人，因为只要孩子没生出来，大人的问题一定会影响到孩子，这没什么好选择的。有时候大人没问题，但是胎儿有宫内缺氧的表现，不尽早生出来可能会有风险，那么也会建议剖宫产。虽然对大人的损伤大一点儿，但是对孩子更有利，这种情况下也不用去让家属做出选择，这是产科处理的医疗原则，医生应该根据医疗原则做出建议，而不是让家属去选择保大人还是保孩子。还有些情况，孕妇本身合并有其他疾病，如果继续妊娠，可能会危及生命。比如前面提到的重度子痫前期的患者，那么按照医疗原则，医生应该做出终止妊娠的建议，这也是建议，而不是让家属选择。当然了，对于医生的建议，产妇和家属有决定权，他们有接受医生建议和拒绝医生建议的权利。还有些情况，医疗的处理有几种方案，各种方案可能大人和孩子的获利大小不同。比方说 A 方案大人的风险相对小一些，B 方案孩子的风险相对小一些，这种情况可能就要孕妇和家属做出选择了。但是要说明的是，这也不是所谓的保大人还是保孩子，这些方案，不管选择哪种，都不至于让风险大的一方送命，如果有这种可能，那么这个方案应该直接被否定。

所以，当有丈夫主动提出要保大人的时候，我会赶紧纠正他，我们要尽量大人孩子都保！让一个男人，在自己的老婆和孩子之间、在自己的至亲里做出选择，实在是太残酷了。我觉得，像“保大人还是保孩子”这样的问题，还是留给影视剧或者文学作品去煽情用吧！

医生们的出生也都挺坎坷

说到难产，我们这些产科医生在聊天时发现，好多医生本人在出生的时候也都不是很顺利。比方说我自己吧，就是被产钳拉出来的，虽然一出生脑袋就被“夹”过了，不过也没见头上多一块或少一块什么。我这还不算什么，还有个同事出生的时候是臀位，也没做剖宫产手术。

要知道，一般小孩子都是脑袋大身子小，出生的时候是头朝下生出来的，所以，头能出来身子一般就没问题（当然，除了前面提到过的肩难产）。而臀位的孩子是屁股先出来，身子能生出头可就不一定了，脑袋有可能会被卡住，医学上称为后出头困难。所以，足月臀位分娩的孩子，很容易出现窒息的情况。这还只是窒息的可能，我们春哥出生时就确实是窒息了，而且好像评分还挺低的。至于那些直接在家里出生根本就没去医院的，或者出生体重10斤的巨大儿，这里就不提了。因此，我们开玩笑说，肯定大家出生的时候被刺激得太厉害，要么脑袋被夹，要么出生窒息，所以才会在这样的医疗环境下做了医生，而且还是妇产科医生！

—02—
生孩子可不是电影上演的那样

可以说，涉及分娩情节的影视剧数量还真不少，可是这么多的影视作品，在我这个专业医生眼里，大部分镜头语言是不能令人满意的。为了增加镜头的真实感，很多有追求的导演即使是在最角落、最不起眼的位置的道具布景，也尽量按照故事背景选取，避免穿帮；在枪战片里，对于细节的刻画甚至可以让观众闻到空气中的火药味。但是，在关于分娩的情节方面，导演们似乎都不怎么愿意下功夫，绝大部分分娩镜头，都是一位满头大汗的姑娘，在那儿发了疯一样，近乎歇斯底里地喊叫；而且，如果大肚子说自己肚子疼了，那么过不了多久肯定就要喊叫了，然后叫过几声就可以听到婴儿的哭声了。这似乎已经成为影视剧中生孩子的常规套路。

分娩的镜头好像只是为了交代是哪个人在生孩子，而观众感受不到孕妇在分娩过程中的煎熬，感受不到宫缩带来的折磨，感受不到分娩时的辛苦；如果这些都感受不到，那么就一定感受不到宝宝生出来那一刹那带给产妇无与伦比的释放和满足！在电影中，分娩的过程似乎变成了一个热闹，甚至像一场游戏，根本无法准确地向观众表达这么一个重要的信息：**分娩，其实是一个女性从平凡通往伟大的极富寓意的开端，在经历过上帝给女人安排的种种痛苦磨砺之后，她有了一个骄傲的身份——母亲！**

至于影视剧中的情节，那其实真的就是在演戏！

母鸡下蛋也没那么快，何况生孩子

分娩，这个人生伟大的开端，实际上是怎样的过程？

首先你得知道，分娩应该是一个过程，而且通常情况下，是一个比较漫长的过程，平均需要十几个小时。分娩的过程我们称之为产程。既然实际上产程时间是这么长的，那么可想而知，影视剧中那种一痛就生，演得是多么“写意”了。

既然产程时间这么长，那么为了方便医生对分娩过程的观察处理，就把产程人为地划分成几个时间段，分别是第一产程、第二产程和第三产程。影视剧中那种大汗淋漓、哇哇乱叫的镜头，实际上只是第二产程。第二产程的时间确实是比较短的，一般不超过两个小时。但是，第一产程的时间可是要长得多了，你不能仅仅把第二产程用力的过程当作生孩子，之前的过程就忽略不计了。就好像足球比赛，射门进球的瞬间固然是精彩的，但是为了射门而相互配合、组织进攻的过程也是不可或缺的，不能因为最后短时间的绚烂，而忽略了之前的付出。所以，在介绍最后的极限冲刺之前，应该先说说第一产程。

痛得死去活来可能也只是第一产程

第一产程的定义就是从正规宫缩临产到宫口开全的过程，简单点儿说就是一个“开门”的过程，开产门，或者民间说法叫“开骨缝儿”。所以，不是说用力屏气的时候才叫生孩子，从开骨缝儿起就开始分娩了，准确地讲是从正规宫缩开始的。

什么叫正规宫缩呢？就是在很多文学作品中出现的所谓的“阵痛”，一阵一阵地痛。阵痛间隔时间和持续时间都是一定的，比如间隔5～6分钟，持续半分钟。而且，痛的程度会逐渐加剧，间隔时间逐渐缩短，持续时间逐渐变长。伴随着阵痛，产门在一点儿一点儿地打开，一指、两指……一直到十指就完全打开了。而在开产门的同时，因为宫缩的推挤作用，宝宝的小脑袋也在一点儿一点儿地往下降。等到产门都打开了，宝宝的脑袋也到了门口了，等待接下来更强大的力量把他推出门外。

既然是阵痛，那么一定会有“痛”这种感觉的。很多人到了孕晚期会有宫缩，比如像来月经时候的下腹酸胀，或者紧缩感，间隔时间并没有那么规律，或者间隔时间相对比较长。这时候不少人就会紧张了，以为马上就要生了。不得不说，这很可能还是受影视剧的影响，因为那里边的产妇，只要肚子一痛，下一步孩子就出来了。实际上没那么快，至少绝大多数初产妇都不会那么快。如果肚子还没感觉到痛，或者疼痛还可以忍受，不是那么剧烈，宫缩的间隔时间还没有那么规律，那么短时间内是不会生的。这在医学上被称为假临产。这种假临产，不同的人持续的时间也不一样，甚至有人会持续几天。所以，有人说自己生孩子生了三天三夜，这显然是把假临产也算进去了。假临产基本都是无效宫缩，只要不影响休息，宝宝监护没有异常，就不需要医学干预，可以“让子弹飞一会儿”。

真的痛起来有多痛呢？我两个大学室友的老婆生孩子，刚临产的时候，肚子刚刚开始痛，我跟她们说，如果熬不住了，可以打分娩镇痛。两位巾帼英雄均表示，生孩子的痛还能忍，能不打就不打吧。我表示赞许：“够坚强！”这时候，她们还可以对着我笑。

接下来产程不断进展，等到宫口开了 3 厘米的时候，两位巾帼英雄的表现也是惊人地相似：“我不行了！受不了了！我要打麻醉！”

后来我问她们：“你们之前也做好心理准备了，知道宫缩会非常痛。实际感受下来，和你预期相比，是更痛了还是差不多？”

“实际比预期的更痛！”

“更痛多少？”

“比预期的还要痛 10 倍！”

比你能想象得到的还要再痛 10 倍，就是这么痛！

折磨无数女性的痛经，在分娩阵痛面前也要甘拜下风，因为，这是人类可以忍受的最大限度的疼痛！我室友老婆之所以一开始还打算忍一下，就是因为这种阵痛的强度是逐渐增加的，而且频繁程度也逐渐变紧，持续时间逐渐拉长。开始可能还能将就着忍受，到了第一产程后期，就很少有人还能继续淡定了。所以，如果平时在产房看到表情平静的产妇，甚至还可以微笑着回答医生的问题，那么一般产程都还比较早。

那么第一产程的后期是什么时候呢？就是我那两个室友老婆最终缴械投降的时候——宫口开 3 厘米，在医学上，宫口开到 3 厘米之后，就可称为进入活跃期了，而之前称为潜伏期。之所以这么命名，是因为潜伏期的时候宫缩还没有那么剧烈，宫口开得也比较慢；而进入活跃期之后，宫缩强度明显增加，频度变密，宫口也开得快起来了。

那风情万种的一次大便

在逐渐变紧的阵痛之中，分娩也从第一产程跨入第二产程，就是从宫口开全到胎儿娩出的这段时间，进入了分娩最为痛苦难熬的时刻。而这个过程通常会伴随着一种特殊的感觉——解大便。

前面讲过春哥曾经与羊水栓塞狭路相逢，最终战而胜之，彰显侠客风范。不过，俗话说谁年轻时没犯过二啊，据说春哥还是小住院医生的时候，也出过一次大乌龙。

那时候春嫂怀孕，到了孕后期，有天晚上吃完饭，春嫂不停地抱怨肚子不舒服，隐隐地有点儿痛。开始，春哥以为是吃坏肚子了，可是听春嫂描述是阵发性的下腹痛，春哥凭着他职业的敏感性，觉得有点儿不妙——难道要早产？果然，没过多长时间，春嫂竟然有了轻微的便意感。春哥当时就紧张了：完了，这是真的要早产啊！可不能生在家里啊，虽然他那时候已经会接生了，不过家里哪有各种无菌器械啊；更关键的是，当时孕周太小，早产儿需要马上有新生儿科医生的抢救复苏，否则很难存活——得赶紧上医院啊！

于是，春哥立马决定，让春嫂尽量慢慢深吸气，张嘴哈气，不要用力，同时赶紧拨打 120 叫救护车。很快，120 把春哥和春嫂拉到了我们医院的急诊室，这时候，春嫂便意感也已经越来越强了。

急诊室的同事们当然不敢怠慢，迅速把春嫂扶到产床上，做了阴道检查：咦？宫口还一点儿没开呢！再摸摸肚子，哪有什么宫缩啊！春嫂她，是真的要解大便呀。顿时，急诊室里笑翻了天。那次，春嫂解了她人生中最高规格的一次大便：由专业妇产科医生全程护送，120 救护车紧急转运到急诊室，医务人员严阵以待、充分检查之后的一次大便！

从此，120 护送春嫂解大便的事迹就成了我们医院一个经久不衰的段子。事后大家问春嫂："肚子痛是像来月经那样的吗？""哪有啊，就是有点儿绞痛，像是要拉肚子了。"春嫂也很无辜，她其实就是想解个大便而已，本没想搞得如此烦琐。

春哥就更不好意思了："真是的，平时产房里这样的患者碰上的太多，当时就顾着紧张了，怎么就没摸一摸宫缩呢？唉！这事儿啊，要是真落到自己头上，还真是慌了神儿了。"

好钢用在刀刃上，力气用在肛门口

如果说第一产程只需要孕妇忍受宫缩的疼痛就可以了，那么进入第二产程之后，孕妇不但要承受更加剧烈的宫缩，自己还要付出艰苦的努力，生孩子的辛苦在第二产程体现得淋漓尽致。而且，很多时候不是说你付出了巨大艰辛，就可以换来理想的结果。如果像影视剧中的那样，不停地大喊大叫，憋得脸红脖子粗，那基本上是生不出来的。

有时候给产房外的家属交代情况，说产妇已经用力一个多小时了，宝宝脑袋才看到一小点儿，那边的老公马上就急了："哎呀，她怎么那么没用啊，一个多小时了还生不出来！"我会纠正他们："可别说她没用，换你可能还不如她呢。她真的很努力了，只是力气没有用对地方，没准再过 10 分钟突然找到感觉了，也就快了。"

那么第二产程怎么算力气用对地方了呢？一般生孩子时候的体位称为膀胱截石位，就是说平躺在产床上，两腿弯曲尽量分开。要说起来，根据重力原理，应该是蹲着生孩子更容易些，但是，蹲着生医生没办法帮忙接生，最后生是生出来了，可是一出来宝宝就头冲下落到地上，这太危险了。所以，为了方便医生接生，也就只好摆这么一个姿势。

姿势摆好，感觉一阵宫缩来袭的时候，配合强烈的宫缩用力屏气，力气用在肛门口，就是便秘解大便的感觉，而不是都憋在脖子和脸上，相反，肩膀和脖子应该尽量放松。这里说的是屏气，一定不能把气吐出来，而且一口气屏得越久越好，所以，像影视剧中那样哇哇乱叫，视觉上是有冲击力了，实际上是用不上力气的。而一阵宫缩通常持续将近一分钟，没有人生孩子的时候能一口气屏那么久，所以中间要换气。要知道，宫缩是很珍贵的，不配合宫缩的用力就是浪费力气，所以，这就要求宫缩来的时候要不惜力气，中间换气的时间要短，马上深吸气继续向下用力，充分利用宫缩的这一分钟。等到一阵宫缩过去了，就要身体彻底放松，好好调整一下呼吸，等待下一波宫缩来袭。

所以，第二产程用力的时候，应该是间断有节奏地向下屏气，如果感觉有大便解出来了，就说明力气差不多用对地方了。

是的，就是那种大便解出来的感觉。

曾经有个产妇，正在用力生呢，生到一半产妇突然停了，在旁边指导鼓励的医生很着急：“感觉很好，别停下来啊，有宫缩的时候要继续用力啊！”

患者一边忍着宫缩的阵痛，一边很不好意思地说：“医生，我，我好像大便解出来了。”

“嗨！你说这个呀，看到了，没事没事，说明你感觉找对了。你就继续解吧，会给你清理的。等大便解完了，孩子就生好了！”

是不是感觉口味有点儿重啊？可是现实中分娩室医生的工作环境差不多就是这样，经常要与大便相伴。孟子教育我们要“闻过则喜”；而对于产科医生来说，差不多是“见便则喜”，看见大便出来了，那么基本可以判断用力的感觉八九不离十了，这生孩子就有希望了。

当然了，估计这样真实的场景电影里是不大好演的，那么，就让影视剧里的产妇们继续喊叫吧，咱不学就是了。

—03—
决定阴道分娩的四大法宝

文学家在歌颂新生，诗人和画家的笔下，小婴儿是上天赐予的天使；而伴随天使降临的，似乎总应该是阳光、花朵、唱诗班的管风琴和教堂的钟声。而看了前面的讲述，相信各位应该被拉回人间了。人类生命的诞生，远不是那么静谧安详的小清新，而是各种痛苦煎熬的重口味。既然如此，我们就不能抱着看偶像剧的心态来了解阴道分娩了，而应该做好心理准备，迎接各种艰难磨砺，这是一部奇幻冒险大片。我下面要介绍的，就是决定着人类阴道分娩的“四大法宝”。

设想一下我们要完成一件事情，需要具备哪些方面的素质呢？俗话说打铁还需本身硬，所以，首先，要有坚实的力量，足以支撑自己完成使命；其次，要有正确的方法，也就是完成任务要遵循的路径，道路走对了，才不至于枉费力气，做无用功；再次，所谓“知己知彼，百战不殆”，因此，实施过程中要时刻保持对任务对象的足够了解；最后，就是一份坚持、一份笃定，就是完成使命的精神力量。分娩过程亦是如此，所以，决定阴道分娩的四大法宝分别是：

决定力量的法宝：产力；

决定路径的法宝：产道；

决定任务对象的法宝：胎儿；

决定精神力量的法宝：产妇精神因素。

产力法宝的三股力量

目前科学技术的发展可谓日新月异，但是，人类医学发展到现在，关于生孩子的很多最基本的问题却一直都没弄明白。比如说，到底是什么机制触发了分娩？生过孩子的人都说不清楚，到底是怎么回事分娩就开始了。你可能正在吃饭，或者正在聊天，或者正在睡觉，你可以在做任何事情的时候，分娩就这么“不期而至”了。关于分娩发动的理论，医学上也是众说纷纭，但是到目前为止，还没有哪个理论可以完美地做出阐释，所以，也就只好说，“分娩是一个多因素综合作用的结果”。不过，不管是怎么开始的，有一点是必需的，那就是你得有宫缩。这里的宫缩，就是产力的一部分。

都说生孩子是个力气活儿，对于力量的要求很高，所以，经常会有身材娇小的产妇对医生说：“医生，我体质差，没什么力气，估计生不出来，还是做剖宫产吧。”说这话是肯定没有掌握产力法宝的精髓，谁说林妹妹就生不了孩子了！

产力就是分娩时的力量，这股力量，被用来把胎儿和胎盘逼出子宫，娩出体外，所以强度很大。而这个力量的来源也不是单一的，主要由三部分组成，分别是子宫的收缩力、腹肌给的压力，还有盆底肌给的旋转力。产力法宝通过对这三股力量的控制调节，来完成对分娩力量的供给。这三股力量中最重要的就是子宫收缩力，简称宫缩，贯穿整个分娩过程始终，而宫缩是和你的身材无关的。

产力不够，技巧来凑

有朋友问我，老婆平时坐办公室不怎么活动，现在要生孩子了，怎么进行一下锻炼，生的时候产力大一些。

朋友问出这话，显然是把生孩子想成推铅球了。本来只能推 5 米，锻炼锻炼就能推个七八米了。不过，孩子可不是铅球啊，前面说了，产力的三股力量中，最重要的是宫缩，而宫缩是不受人意志控制的，也就是没办法锻炼的。如果宫缩不好，你就算肚子上有八块腹肌，浑身都是肌肉，一分钟做 100 个仰卧起坐，也照样白搭。

另外两股力量的来源，腹肌和盆底肌倒是可以锻炼。但是，盆底肌的作用是辅助胎儿内旋转，属于“技巧型”，而不是“力量型”。曾经有个杂技演员生孩子，虽然以前训练的时候摔伤过骶尾骨，但是，第二产程生的时候，进展也还是非常顺利，很快就生出来了，相信这应该和她优秀的身体柔韧性和盆底肌机能有关。只不过，人家的这个产力，锻炼是放在平时的。毕竟，绝大多数人都不是杂技演员，难道就不能生了？当然不是，盆底肌的力量更多的是被动力，主要在第二产程起作用，如果主动下推的力量足够大的话，盆底肌不成问题。另外，据说如果平素就有瑜伽锻炼的话，可能会对盆底肌的力量有所帮助。

再一个就是腹肌了，这个是唯一有可能通过锻炼提高的力量，不过，好像也不是很有必要。腹肌的力量主要用于第二产程，就是宫口开全以后，生得再吃力，最多也就需要2～3个小时，对于绝大多数孕妇来说问题都不大。就算你是办公室职员，只要有便秘时候解大便的力气，生孩子也就够了。而且前面已经说过了，第二产程用力屏气的时候，也不是完全用蛮力，也需要技巧，用力方向不对，把自己累得腰酸背疼大汗淋漓，人要虚脱了也照样效果不佳。

曾经有个看上去很瘦弱的产妇生孩子，第二产程非常顺利，用力的感觉非常好，医生忍不住表扬她："看不出来啊，看上去好像挺瘦弱的，没想到这么有力气！"产妇说，她平时经常便秘！所以，用力解大便确实是对产力的有效锻炼，不过我觉得还真没必要，因为肛门被胎头刺激的时候，大多数人本能地就会把力气使出来了。

产力不能靠临时提高，但是可以"积蓄"。其实最后全力分娩的那段时间，除了肌肉力量的要求，对体力和精神意志力也有比较高的要求，这些倒是可以锻炼的。一个人的体力如何，不是靠孕期短时间内提升的，但是却可以在产程发动之后积蓄。就是说当规律宫缩临产之后，孕妇就不要再剧烈活动了，更不要哭天喊地浪费精力了，你的任务就是好好休息。是的，休息变成了任务，因为它确实比较难完成——痛啊！肚子剧烈疼痛的时候你能休息好吗？这就需要孕妇做好充分的思想准备，调整呼吸，尽量休息。要知道，第一产程积蓄力量，为的就是第二产程中的爆发。

所以，不管你体形如何，是五大三粗还是小家碧玉，都不用担心自己的力气问题。你要相信，只要宫缩好，用力技巧得当，对于大部分人来说，力气不是问题。

骨盆宽敞才是王道，屁股大小无所谓

俗话说：“屁股大，好生养。”所以，有人说之所以感觉“丰乳肥臀”性感，是因为这样的身材更有利于生养下一代。这话放在古代或许成立，那时候的“丰乳”，多半是丰富的乳腺组织；而“肥臀”，多半是宽敞的骨盆。到了现代，且不说各种美容技术，就是饮食习惯的影响，撑起“丰乳肥臀”的，多半都是脂肪，中看不中用。所以，屁股大不是重点，关键要骨盆宽敞，这就是阴道分娩的另一个法宝——产道了。

产道就是胎儿娩出时通过的那条通道，包括骨产道和软产道。骨产道主要是骨盆，软产道包括了子宫下段、宫颈、阴道等。像前面提到的产门和宫颈，就都是软产道部分。对于身材娇小的女性来说，除了要担心自已没有力气之外，另一个要担心的就是骨盆太小了。想想自己平时的小蛮腰，再想想那么大一个宝宝，怎么可能生得出来嘛！

要知道，人类已经进化了几十万年，那些骨盆太小的，基本上已经在优胜劣汰的竞争过程中被淘汰了，只有骨盆条件足够生育下一代的女性的基因才得以传递下来。所以到现在，除非有骨盆畸形或者骨盆病理改变（比如外伤骨折、结核等），大多数女性的骨盆都是适合阴道分娩的。如果你看过 CSI 之类的美剧就会了解，男女的骨盆是有区别的，女性骨盆天生就已经为分娩做好了准备，即使你身材娇小。而且，胎儿颅骨和成人也是不同的。胎儿颅骨数目比成人多，很多颅骨骨缝是可以松动的，所以在分娩的时候，小脑袋还是有一定的可塑性的，为了顺应产道，会产生一定的变化，宝宝的小脑袋确实是被“挤扁了”，这在医学上被称为颅骨的骨缝重叠。

骨盆大小也要看宝宝的脑袋

大思想家孔老夫子的教育理念中很重要的一点，就是因材施教，根据不同学生的特点，给出不同的教育方法。俗话也说“看人下菜”，虽然用来形容人投机取巧，不过，和因材施教反映的是一样的道理，就是要完成一件事情，针对不同的对象，路径的选择也是不同的。这个道理再延伸一下，可能某种路径是比较好的，但是，也应该看对象，当路径被固定牢的时候，对象的变化可能会出现完全不同的结果。因此，我们不应该迷信什么“放之四海而皆准”的教条。

这个道理放在分娩上就是，虽然绝大多数女性的骨盆条件都可以满足分娩的要求，但是，胎儿是否可以顺利通过，也不能只看产道这一个方面，掌管路径的胎儿法宝也起到至关重要的作用。

我们说骨盆宽大，是一个相对的概念，得看和谁比。骨盆很小，但是宝宝脑袋也小，那照样可以顺产；相反，骨盆很大，宝宝的脑袋更大，虽然胎头可以有所变形，但生起来还是很困难的。所以，骨盆的大小，是要和宝宝的脑袋相比的，这就是医学上的“头盆问题”。骨盆的绝对大小，或者宝宝脑袋的大小都不要紧，关键是要头盆相称。

除了头盆问题，还有更复杂的情况。因为脑袋不是绝对的球形，而是不规则的椭球形，有较长的径线和较短的径线。我们希望宝宝的小脑袋在通过骨盆的时候，胎头以最短的径线通过骨盆的各个位置，就是说，胎头在产道里是会有变化的。最后，宝宝脸朝下生出来是最容易的；如果胎头不能顺利旋转，比如脸朝上没有转过头来，就有可能由比较长的径线卡在产道比较狭窄的位置上下不来，出现相对头盆不称。

这种因为胎头位置变化出现的头盆不称最麻烦，也最难预测，就算只有6斤、脑袋不大的宝宝，也照样有可能因为脑袋没有转过来而卡在一个位置上，最后没办法顺利分娩。所以，你可能会听说，本来生得很顺利，可是到了后面突然又说胎头下不来了，最终还是给做了剖宫产，很多情况下就是因为相对的头盆不称。这种情况，没有尝试过是没办法提前知道的，这也就给分娩过程带来了很大的不可预测性。

不可预测性还不仅限于此，还有更复杂的呢！宝宝脑袋的位置如果真的没有旋转好，也不是说就一定没得生了。因为，胎头旋转的力量，正是产力的一部分，如果产力法宝给力的话，可能再过一段时间就转过来了，甚至仰面朝天生出来的也不是没有。这个时候，三大法宝就要协同作战了，此刻，它们不是单独在战斗！

所以，我们说“实践是检验真理的唯一标准”。那么在生孩子上，很多情况下，不生一生，试试看，还真难说结果一定如何。只要医生还没有进化成神仙，那么不到最后时刻，你都很难确定是不是可以顺利分娩。在第七章中，你会看到医生在分娩方式上的各种纠结，很大程度上也是源于分娩过程中的种种不确定性。

生孩子首先要克服恐惧心理

在西方关于分娩的教科书中，通常只讲三个因素，就是前面提到的产力、产道和胎儿。而对于产妇的精神因素，提到的就不多了。因为，一方面，它很难量化，缺乏统一标准；另一方面，精神因素本身似乎很难对分娩造成直接作用，但却和其他三大法宝之间都关系暧昧，会对它们产生一些微妙的影响，从而影响分娩进程。

看过前面关于分娩的描述，你有没有恐惧或者害怕？怕痛，怕大出血，怕生不出来，怕宝宝有危险。其实，很多产妇在分娩或者临近分娩的时候，都会有这种情绪上的改变，通过心理上的调节，一般可以克服。但是，如果这些情绪上的改变走向极端，使自己对于分娩彻底丧失信心，它便可以影响宫缩的强度，减弱产力；可以影响产门的扩张，阻碍产道；甚至可以通过神经内分泌系统，使宝宝在子宫里缺氧。所以，像影视剧里演的产妇那样近乎歇斯底里地喊叫，通常是很难顺利分娩的。

因此，这就需要产妇在分娩之前，甚至怀孕之前，就做好充分的思想准备，为了那个可爱的新生命，准备好接受这次人生考验。同时，作为家属，也应该尽可能地在心理上给予产妇支持和安慰。

分娩的过程，在经历身体近乎极限般的煎熬的同时，心理上也要承受这些紧张和焦虑。“天将降大任于斯人也”，或许，这正是上天在使一个女人成为母亲之前，给出的最后考验。经历过这样一番磨砺之后，伴随着小天使一起降临人间的，还有一位坚强、伟大的母亲。

— 04 —
一个篱笆三个桩，一个分娩三个帮

分娩的过程就像一次探险，道路曲折，途中遍布暗礁险滩。不管孕期怎么百般小心，分娩的过程中也照样有可能出现这样那样的问题。就算有阴道分娩的四大法宝，它们也有走神不配合的时候，万一出了它们的掌控范围，阴道分娩自己生不出来怎么办？唐僧取经还要有三个徒弟保护呢，没有几个身手了得的好帮手，别说九九八十一难了，恐怕唐僧还没出大唐国界就被老虎吃掉了。下面就介绍几个为分娩保驾护航的手段。

“这是我生孩子花得最值的钱！”

前面已经讲过了，分娩时的阵痛是非常剧烈的，甚至可以说是摧毁性的，摧毁了很多产妇自然分娩的意志，以至于不少人刚临产没多久，就痛得死去活来，叫着要剖宫产。还有听说过分娩阵痛的人，怀孕没几个月就向我打听：生孩子太痛了，我到时候能不能直接剖宫产啊？你看，这疼痛已经像“李向阳”之于日本鬼子一样，听到名字就让人胆寒了。很多情况下，它已经成为自然分娩道路中的拦路虎。针对这只拦路虎，我们现在已经有了分娩镇痛技术，可以在很大程度上缓解分娩时的阵痛。

用我大学室友老婆的话说，她生孩子花得最值的钱，就是分娩镇痛打麻醉的钱。她觉得能达到这种效果，让她花多少钱都值！

当然，也有人担心麻醉的风险。可以说，所有医学干预都有潜在的风险；不要说医学了，就是在平时的生活中，很多事情都有潜在的风险。有新闻报道，有个人拍死只蚊子，结果出现了严重感染，导致死亡——拍蚊子都有风险！就更别提吃饭可能噎着，吃鱼可能卡住了。人生本来就是冒险的过程。

事情有风险，不等于就不能做，否则连饭都不敢吃了。拍蚊子致死的概率大概几亿分之一，恐怕比被雷劈死的概率还低，那么下回看到蚊子照样一巴掌拍死它。所以，一件事情做还是不做，不能只看有没有风险，还要看风险有多大，到底值不值。

常用的分娩镇痛麻醉方法是硬膜外麻醉，在麻醉方法和用药上，与剖宫产手术时使用的麻醉差不多，只是药量要小得多。这种麻醉是打在腰上的，确切地说是打在脊椎上，要说没有风险是不可能的。不过，对于大多数人来说，还是安全的——至少对于正在遭受阵痛煎熬的孕妇来说，那点儿风险是值得一冒的。

但是，也不是所有人都适合打分娩镇痛麻醉。

“我说姐们儿，咱可不能这个时候歇着啊！”

大学室友豪哥本人就是麻醉医生，他老婆当年生孩子的时候，他交代我：“我老婆孩子就交你小子手上了，你自己看着办吧！”

我说：“行，你老婆就是我老婆了！”

豪哥说：“去你的！”

产程进入活跃期，豪哥老婆实在熬不住痛，我征求他们两口子的意见，问要不要打分娩镇痛麻醉。

豪哥问：“就是个硬膜外麻醉的相关风险吧？打了不影响产程吧？”

豪哥老婆问：“打了就不痛了吧？”

我给豪哥讲了一下麻醉对产程的影响，豪哥想了想，说：“既然影响不是很大，只有第二产程时间会长一些，那就用吧。”

我对豪哥老婆说：“一般情况下用了就不痛了，至少会缓解很多。但是，对于产程……”

“我要打麻醉！”我的话还没说完，豪哥老婆已经决定好了。

麻醉打好之后，豪哥老婆显然舒服了很多，可以和老公发短信聊天了。

到了第二产程该用力生的时候，豪哥老婆好像还不是很痛。

“自己能有宫缩的感觉吗？比如说肚子有点儿痛，或者有点儿胀，或者有想解大便的感觉？”我问她。

“稍微有点儿感觉吧，比较轻微，便意感也不是太强烈。”

“好，你看着监护上的宫缩指数，如果增高了，说明你宫缩来了，你就要配合着用力屏气。”然后，我向她介绍用力技巧，并且指导了几阵宫缩屏气。

这时候，我电话响了，我说：“你就像刚才那样继续用力，我先去待产室看个患者。”过了十来分钟，我再回到分娩室的时候，豪哥老婆竟然在侧躺着闭目休息。

“唉，我说姐们儿，咱可不能这个时候歇着啊，时间不等人，你可不能偷懒啊！”

“实在太累了，真的想歇会儿。”

“不行不行，你这宫口开全了也没多少时间给你用力，等生完了再歇吧。你现在必须得把所有力气都给我使出来！”

豪哥老婆被我说着继续用力了，但是，因为麻醉的原因，对宫缩的感觉不是太明显，所以用腹压和宫缩的配合不好，生了将近 3 个小时也还是没生出来。这时候，豪哥老婆是真的虚脱了。

“现在不是我不想用力，我是真的一点儿力气都没有了。”说这话的时候，豪哥老婆声音很小，甚至连眼皮都睁不开了。

平时也有产妇生的时候，一边扭一边叫：“医生，我不生啦！我没力气生啦！”不过，既然可以叫出声来，说明那不是没力气，只是生得太痛苦了，不想再继续了。这时候，医生都会鼓励产妇继续努力，不要乱叫，省着力气生孩子。不过，眼下豪哥老婆这种情况，已经努力了快 3 个小时，别说生孩子了，连说话抬眼皮的力气都没有了。

“拉产钳？那我老婆孩子可就真的全交你手上了！”在我向豪哥给出产钳助产的建议之后，他又重复了一遍刚开始那句话。

现在，我没心情贫嘴了，巨大的压力迎面袭来。

生孩子的目的是把孩子生出来

豪哥老婆就是比较典型的分娩镇痛麻醉的经历。产妇通常是在难以忍受阵痛煎熬的时候提出要求镇痛麻醉的。这个时候，很多产妇几乎是失去理智的，因为实在是太痛了！她们不会考虑麻醉有哪些风险，不会考虑麻醉会对分娩有哪些影响，她们只有一个念头：不要痛了！现在、立刻、马上不要痛了！所以，很多产妇对于分娩镇痛麻醉的要求几乎是无条件的。

分娩镇痛麻醉对于疼痛的抑制作用可以说是非常理想的，几乎所有产妇在打过麻醉之后都会恢复平静，甚至有人可以小睡一会儿。这确实是非常理想的效果，因为前面已经提到过，第一产程里产妇的主要任务就是休息，而分娩镇痛麻醉确实可以为产妇赢得一个可供休息的环境。但是，分娩镇痛麻醉毕竟是一种医学干预，虽然总的来说风险是可控的，但是也不能不考虑它对分娩产程可能产生的影响。从我们医院开展分娩镇痛麻醉以来的经验看，麻醉对产程的最大影响体现在第二产程，就是说宫口开全之后需要产妇用力的这段时间。如果没有麻醉，产妇会感到频繁的宫缩痛，而且伴随强烈的便意感，为了缓解这种巨大的痛苦，每阵宫缩来袭的时候，她们会本能地向下用力，企图卸掉对肛门的压迫感。所以，某种程度上讲，生孩子就是一种本能——在没有麻醉的时候。而分娩镇痛麻醉，对于这种分娩时的感觉是有一定阻断作用的，宫缩时候的疼痛减轻了，甚至感觉不到宫缩，没有便意感，所以也就不会配合宫缩用力屏气。甚至像豪哥老婆那样，竟然都可以小睡一会儿，这就要影响产程进展了。

所以，教科书上说，初产妇第二产程应该控制在两个小时；如果打了分娩镇痛麻醉的话，第二产程可以延长到三个小时甚至更长。产程可不是随随便便可以延长的，要知道延长这一小时，对产妇和胎儿相应的风险也就提高了，最终会增加使用阴道助产技术的概率。因此，如果遇上第一产程里宫口开得比较快的产妇，或者宫缩比较差的产妇，我们一般不建议打麻醉。尤其是有的产妇宫口已经开到六七厘米了，可能再过半个小时、一个小时宫口就能开全，这个时候打麻醉，到后面就不会生了，反而影响分娩。如果这个时候产妇还是叫着要打麻醉，我会告诉她："来这儿生孩子，目的不是为了不痛，而是为了把孩子顺利地生出来。现在打了麻醉，待会儿可能就不会生了。"

所以，虽然分娩镇痛麻醉对于缓解分娩时的痛苦帮助很大，但也不是有利无害，对产程毫无影响的。在应用的时候，也应该由专业医生根据情况判断。

— 05 —
产科医生也需神器助阵

如果第二产程已经延长了一段时间，宝宝还是生不出来怎么办？这时候可能就要用到阴道助产技术了，如产钳助产。阴道助产需要用到一些助产器械，在缩短第二产程上，这些助产器械可谓是产科医生的“神器”。阴道助产，就是为分娩保驾护航的另一个手段。

别怕，产钳不是剪铁丝那种钳子

阴道助产技术，顾名思义，就是靠产妇自己生有点儿吃力，需要医生来帮助你一把，称为助产。这和普通接生还不一样，接生的时候，产妇凭自己的力气已经生出来了，医生只是给“接”一把。阴道助产包括得比较多，有用器械的，也有不用器械的。比如前面说的臀位，就是屁股在下面的胎位，自己生出来比较困难，尤其屁股出来之后，脑袋自己是出不来的，这时就必须有医生来帮忙，这叫臀位助产，一般不需要器械。需要器械的，最常用的有两种：胎头吸引和产钳。

胎头吸引，就是用一个类似流氓兔使的皮搋子的东西，扣在宝宝脑袋上，里面抽真空，然后把宝宝拉出来。产钳就是用钳子，不过，这个钳子不是平时用来剪铁丝的钳子，而是薄薄的两页带圆弧的铁皮，有符合骨盆方向的生理曲度，合在一起像头盔的样子，扣在宝宝脑袋上，然后把小家伙拉出来。

这两种技术虽然听上去挺吓人，但实际上都是比较安全的方法，而且历史悠久、技术成熟。胎头吸引算比较新的，也已经有六十多年的历史了；而产钳则起码用了 300 年了，有确切的医学文献记载也至少 150 年了。前面提到过，我本人也是被产钳拉出来的，没有被拉残拉傻，现在还做了医生在这里写书。

当然了，再安全的方法也不是绝对的，也存在一定风险。比如器械助产可能会增加胎儿头皮血肿，甚至颅内出血的风险，也可能会增加产妇会阴撕裂伤的风险。不过，这些风险都是可控的，当有必要进行助产的时候，说明出现了更危急的情况，不做助产恐怕危险更大。那么什么情况下需要器械助产呢？

脑袋挤挤更健康

笼统地讲，就是在第二产程的时候，需要快速结束分娩的情况下，如果产妇没有能力生出来，就需要医生的帮忙了。比如说产妇同时合并其他并发症，像重度子痫前期。不过，临床上最常见的原因，是胎儿窘迫和第二产程延长。

胎儿窘迫就是宝宝在子宫里缺氧。其实，分娩的过程，不仅仅是对产妇的折磨，同时也是对宝宝的考验。前面提到过，宫缩就是子宫缺血的过程，从而使胎盘的供血能力也有所下降，所以，宝宝会有一个短暂的供氧不足。不过，正常健康的宝宝都会有一定的储备，对于短时间的供氧量下降可以耐受。这样，宝宝出生的过程，其实就是被一股力量推着，低着头往下钻，四周是骨盆和软组织紧紧包裹，而且还会有短时间的供氧不足。

你想象一下，脑袋上裹一圈肉，宫缩的时候相当于脑袋被挤，而且还会稍微闷住一会儿。以第二产程宫缩的频率，相当于每一两分钟就要挤你脑袋一次，每次持续将近一分钟，别说生一两个小时了，挤你四五次你就疯了。要知道，产道还有骨质部分，可是比一圈肉硬多了！所以，宝宝一出来就可劲儿地哭，他觉得委屈啊："妈呀，没事儿你老夹我脑袋干吗！哇……"

所以你看，宝宝的生命力还是很顽强的。而且，这种分娩的考验，对于宝宝出生后是有帮助的，可以把挤进胎儿呼吸道的羊水挤压出来。所以，医学上大规模的研究发现，和没有经历过宫缩直接做剖宫产的宝宝相比，经产道挤压过的宝宝，出生后新生儿湿肺的发生率明显降低，而且婴儿精细动作掌握得更好。因此，阴道分娩是人类长期进化的结果，虽然分娩过程中宝宝经历了产道的挤压，但是，在一定程度上讲，挤挤更健康。

阴道助产——该出手时就出手

还是那句话，什么事儿都讲究个度，所谓过犹不及。挤挤更健康，不是就能毫无限度地挤压；挤得过了，宝宝可能就真的要缺氧了，就是胎儿窘迫。因为第二产程时的宫缩最强，频率最快，持续时间最长，所以很多胎儿窘迫会发生在第二产程。如果在这个时候出现了胎心减速，就提示我们宝宝可能有点儿受不了了，得赶紧生出来，如果短期内还不能结束分娩的话，就需要医生的器械助产了。

另外，产程时间太长，也容易出现胎儿窘迫。尤其第二产程，不仅仅是对胎儿有风险，时间长了，产妇也会虚脱，或者宫缩乏力，从而使产后出血的风险也增高。时间越长，这样的风险就越大。所以，第二产程的时间是有比较严格的控制的，初产妇一般不超过两小时，经产妇不超过一小时。如果时间超过了，就可称为第二产程延长。

豪哥老婆当时就是因为打了分娩镇痛麻醉，第二产程生了快三个小时，生得一点儿力气都没了，宝宝还是没出来，没办法，只好建议拉产钳了。虽然产钳已经拉过上百把，可是，只要是手术操作，就有手术相关风险，没有哪个医生敢说是 100% 的把握。万一大人孩子有个什么闪失，实在是不好向哥们儿交代；就算豪哥能原谅我，我自己都没法原谅自己。可是，情况已经摆在眼前了，拉产钳是当时对大人孩子最好的处理方法，就算是有风险有压力，该出手时也得出手。

霍主任曾经说："拉产钳其实就是拼胆量，拼医生的胆量。因为出现需要拉产钳的情况时，一般都是分娩时比较紧急的时候，一旦做出判断，你要做的首要一点就是——你得敢去做！"

那一次豪哥老婆的产钳，最终还是顺利拉出了。生完，我抱着孩子到产房门口给豪哥看，他就在那儿不停地傻笑。我说："为了你儿子我可都要吓尿了，将来他得叫我爸爸！"

“行啊，你女儿嫁给我儿子不就行了。”豪哥还是在那儿傻笑。

“行啦，赶紧先给你老婆打个电话吧，已经完全累坏了。”

这时候豪哥才反应过来，赶紧给老婆打电话去了。

产钳拉过很多次，给豪哥老婆拉的这次算是压力大的，但还不是最大。压力最大的那次产钳，放到后面再说。

— 06 —

有必要好好了解一下剖宫产

前面讲了不少，有一个最关键的还没有提，那就是，当医生决定拉产钳阴道助产的时候，说明医生判断是肯定可以经阴道分娩的，就是说头盆是肯定相称的。那如果生不出来呢？这就需要做剖宫产手术了。当阴道分娩的路被堵死的时候，我们还有剖宫产手术可以挺身而出，可以说这是为分娩保驾护航最重要的手段。

剖宫产没那么可怕，但也并不简单

要向非医学专业的人介绍一种手术，真不是一件容易的事儿。就拿剖宫产来说吧，如果一个孕妇铁了心要做剖宫产，看过介绍之后，她可能会重点记住剖宫产对于拯救母婴生命的重要作用，会记住如果不做剖宫产可能会给母婴带来的各种风险，从而最终坚定了她要做剖宫产的信念。而如果一个铁了心不想做剖宫产的孕妇，在看过介绍之后，她可能会重点记住剖宫产对产妇带来的各种风险，对下次妊娠和给胎儿带来的影响，结果更加坚定了她不要做剖宫产的信念。那么，这样的介绍就真的是适得其反了。

所以，在打算了解剖宫产手术之前，先不要有先入为主的观念。如果你已经态度很坚决了，那么不妨多看看事物的另一面。

目前，剖宫产手术已经是比较成熟的手术方式了，在前面关于“保大人还是保孩子”一篇中讲到过，剖宫产技术可以说救了很多人的命，对于抢救孕产妇生命和改善难产结局都是非常有效的方法。所以，首先要强调，虽然是手术，但是没必要太担心，不要觉得做个剖宫产手术就是天塌下来的大事儿。

不过，就工作中遇到的情况来看，过分担心手术的人所占比例好像不是很高，而更多的人是太不把剖宫产当回事儿，觉得就是开个刀把孩子拿出来，反正已经住在医院里了嘛，动个手术开个肚子几乎是天经地义的。尤其是产妇肚子痛起来，或者痛的时间长一点儿，就马上会出现“讨手术”的情况。

这时候，产妇和家属的语气都很轻松：“医生，我看还是算了吧，不生了，你给剖了吧。”那种感觉就好像我嫌挤牙膏太麻烦，你干脆帮我把牙膏皮一剪子剪开，我拿牙刷直接在里边舀比较痛快。这生孩子可不是挤牙膏，牙膏皮剪开了大不了不要了；这肚皮和子宫切开还得再缝回去，下回怀孕还得再用哪，子宫可不是一次性的啊！

所以，虽然剖宫产手术已经比较成熟了，但是，既然是手术，就有相应的手术风险和并发症，就有它的适应证和禁忌证，不是随随便便张嘴说句话就能做的。

剖宫产什么时候该做，做了会怎么样

都说爱一个人就要爱他的全部，包括他的优点和缺点。做手术也一样，当你要经历一次手术的时候，起码得知道它可能会带来哪些不利的影响。就先说说剖宫产手术的风险和并发症吧。

先得清楚风险是什么。风险不是必然发生的结果，而是一个可能性。就好像开车出门，有发生车祸的风险，新闻里各种车祸现场的图片，可谓触目惊心，但是，大部分人都一直是安全行驶的。这就是风险，是一种可能，你得当心它。

剖宫产的手术风险除了各种手术所共有的出血、感染、损伤临近脏器之外，还有产科的并发症。我们已经知道，产妇分娩是一个冒险的过程，即使是阴道顺产，也会出现产科并发症，如产后出血、产褥感染、羊水栓塞等。一旦发生了，可谓刀刀见血、个个要命。而剖宫产手术发生这些产科并发症的可能性比阴道分娩要来得高。就拿羊水栓塞来说，剖宫产相比阴道分娩，风险增加了 12.5 倍。而且，剖宫产术后再次妊娠，前置胎盘、胎盘植入风险会增高，可能出现剖宫产瘢痕妊娠，虽然发病率很低，但是一种很危险的宫外孕。另外，做过剖宫产后不光肚子上有一道疤，子宫上也会有一道缝合的瘢痕，我们称为瘢痕子宫。对于瘢痕子宫再次分娩，是自己生还是再做剖宫产，这个放到后面再讲。

由此看来，虽然说剖宫产手术是一种相对安全的比较成熟的手术技术，但是，毕竟也存在这么多手术风险和并发症。所以，在选择分娩方式的时候，它只是作为阴道分娩的替代方法，只有当阴道分娩行不通，或者阴道分娩的风险更大的时候，才考虑做剖宫产手术。

因为手术可能有相应的风险，所以医学上规定了一些手术的禁忌证，就是说在这些情况下是不能手术的。比方说本来想做人流手术的，但是发现患者同时有严重的生殖道炎症，这个时候如果手术，很可能造成炎症播散，甚至会危及患者生命。那么这种情况下就不能手术了，这就是手术禁忌证。

严格来说，剖宫产手术是没有什么绝对的禁忌证，就是说理论上任何孕妇都可以做剖宫产手术。因为即使是产妇有严重的并发症，手术可能会有生命危险，但是，剖宫产手术解决的不是一个人的问题，快速终止妊娠可以给新生儿带来希望，那么这也就不是绝对的禁忌证了。而且，对于这种产妇，即使不做手术，分娩本身也会受到死亡的威胁，快速地终止妊娠倒是可能争取到抢救时间。

所以，剖宫产是没有绝对禁忌证的。而剖宫产手术的关键，是怎么把握适应证，就是什么情况下该做手术。

剖宫产的适应证包括绝对适应证和相对适应证。绝对适应证就是不做剖宫产肯定没法生出来，或者要出人命的。比如，前面提到的完全性的前置胎盘、严重的胎盘早剥，或者胎儿横位、头盆不称等。其实，对于医生来说，绝对适应证是最简单的，一旦碰上了，也不用多想什么，直接做剖宫产就是了。但是，剖宫产的绝对适应证并不多，而更多的是相对适应证，就是说阴道分娩可能也生得出来，但是权衡利弊之后，做剖宫产可能会比阴道分娩获益更大，那么虽然有相应的手术风险，我们也还是选择剖宫产手术。

比如，前面讲阴道助产的时候提到的胎儿窘迫。如果出现胎儿窘迫的时间还比较早，没有办法做阴道助产，那么，为了快点儿结束妊娠，我们也还是会建议做剖宫产手术。虽然手术给产妇带来了一定的风险，但是对于宝宝来说，他可以快速地脱离危险环境，得到充足的氧气，可以说获益巨大，那么我们和产妇要承受的手术风险权衡一下，认为是利大于弊的，所以做手术是值得的。

其实，虽然是相对适应证，但是像胎儿窘迫这样的情况，一旦诊断明确了，医生做出手术的决定还是不算困难的。还有很多相对适应证就不是这么简单的了，甚至连诊断都不是那么容易，比如说巨大儿。

— 07 —

隔着肚子估体重哪那么容易

孕期的B超单上有好多数值，很大程度上可以预示宝宝的大小。很多孕妇比较关心的就是双顶径了，它在一定程度上代表了宝宝脑袋的大小。

有时候，宝宝只是脑袋大了点儿

曾经有个41孕周的孕妇怀着满腹的纠结住院了。

“医生你看，我今天刚做的B超，双顶径已经有10.1厘米了，怎么办啊？我是不是只能做剖宫产了啊？”听得出来，她心有不甘，又放心不下。

“哦，10.1厘米的双顶径是有点儿大了，不过也不一定就只能做剖宫产，我得先做了检查才知道。”我把她让到病床上，开始做腹部检查。

“双顶径10.1厘米也能自己生吗？我有个同事，生的时候宝宝双顶径才 9.5 厘米，结果生到一半生不出来了，最后还是剖了，宝宝有8斤重哪。我38周的时候双顶径就9.8厘米了，那不是就更难生了？”看来这位孕妇的担心也不无道理。

我做完检查，并且查看了她孕期的产检病历，对她说：“恐怕你的宝宝不像你同事的那么大呀，而且你的骨盆条件也还不错，还是有自己生的希望的。”

“真的吗？我的骨盆还可以吗？你看，我骨盆出口只有 9 厘米，但是宝宝双顶径已经有 10.1 厘米了，到最后还能生得出来吗？而且，我查了一下，书上写的双顶径超过 10 厘米，有将近 90% 是巨大儿。”

现在，获取信息的途径越来越多，大家也对自己的健康越来越关注，显然，这位准妈妈孕期的功课做得很充分，甚至都了解了“骨盆出口”这样的概念了。但是，如果对一些概念仅仅略知一二，而实际了解并不全面，同时又缺乏临床经验的产妇来说，就容易产生误解。比如，这位产妇就是把双顶径和宝宝体重简单地等同起来，而且对于骨盆径线又了解不够，所以才会有这样的焦虑。看来，要想安慰这位准妈妈，还真不是简简单单几句话就可以的。

“呵呵，看来你怀孕的时候是真的下功夫了，了解的情况还真不少，这样给你讲解起来，就比较容易理解了，值得表扬！你说的这个骨盆出口 9 厘米，实际上只是一个出口横径，9 厘米是很正常的大小。不过，骨盆的出口是立体的，而不是一条线，所以你不能只是关注这一条横径，还有前后径呢。所以，你不用担心 10 厘米的双顶径卡在 9 厘米的出口横径上出不来，只要骨盆前后径够宽敞，也还是能生出来的。”

这位孕妇微微点了点头：“但是，书上说双顶径太大了，宝宝会是巨大儿呀。”

“呵呵，那可不一定。到现在为止，还没有哪种方法可以准确地估计胎儿体重，毕竟隔着那么多层肉，哪儿能那么准呀，就算是B超也做不到。比方说你提到的通过双顶径来估计，就好像通过测量身高来估计体重一样，你说一个身高1.7米的人会有多重啊？性别、胖瘦都有差别，这哪儿能估得准啊！”

“我的宝宝也可能不是巨大儿？”

“当然有可能了。我刚才查过了，凭经验估计也就7斤左右吧，8斤是肯定到不了的。你看看你和你老公的脑袋都不小吧，你们的宝宝像你们两口子，就大在头上了，体重并不是特别大。再说了，就算是巨大儿，只要骨盆条件好，产道够宽敞，也不是不能生啊。宝宝过重，我们最怕的是肩难产，就是说头出来，肩膀卡住了，这种情况是很危险的。但是，你的宝宝是头大，那么只要头能出来，就不用担心肩难产的问题。”

“那万一生不出来还是要剖啊。”

“那是当然的了。但是，不是只有巨大儿才生不出来啊，五六斤的宝宝照样有可能生不出来去做剖宫产。只要医生还没有进化成神仙，那么这种事情可没办法提前预知。你既然已经等到现在这个孕周了，我想一开始总是想要自己生的吧，你自己的决心可是很重要的！”

“是啊，我一直都想自己生的，所以饮食上也很注意，没想到还是长到这么大了，所以很担心。既然医生都这么说了，那我就还是自己试试看吧！”

后来，我给这位孕妇进行了药物引产。毕竟脑袋还是挺大，第二产程足足生了一个半小时，在经历了艰苦卓绝的努力之后，一个 6 斤 8 两的男孩儿顺利诞生。是的，只有 6 斤 8 两。

估计胎儿体重也有不少学问

其实，有时候因为不同人头形的不同，双顶径的大小连脑袋的大小都反映不出来，所以，我们还会通过 B 超测量胎儿的头围、腹围。尽管我们可以通过 B 超测量很多指标，但还是不能非常理想地估计胎儿的体重。在估计体重的时候，相比 B 超的各种指标，产科医生在很多情况下可能更相信自己的双手检查。不少生过孩子的人都知道，有医生在肚子上摸了一把，估计了一个体重，结果生出来一看非常准。这就是临床经验了，甚至有国外学者发现，一些生过好几个的经产妇，在估计胎儿体重方面，竟然比 B 超还准！

讲了这么多估计胎儿体重的事情，是有原因的。因为如果宝宝体重过大的话，前面已经讲到过肩难产的问题，那可不是闹着玩的。虽然任何体重的胎儿都有可能发生肩难产，但是，体重越大，发生的机会就越大。据统计，7 斤以下的胎儿，肩难产的风险只有不到 3‰；如果是 7 ~ 8 斤的胎儿，风险就升高到 3%；而 8 ~ 8.5 斤的胎儿，风险有 5%；8.5 ~ 9 斤的胎儿，风险有 9%。这还是不合并糖尿病的情况，如果再有糖尿病，那么风险要再增加 2.5 倍。

因此，产科医生对于胎儿体重是非常关注的。如果估计体重比较大，比如可能在 8 斤半到 9 斤，或是 9 斤以上，那么医生就会直接建议做剖宫产了。即使是先阴道试产，一旦产程进展缓慢了，医生也会倾向于缩短观察时间。所以说，当医生对胎儿体重有了估计之后，对分娩方式也就会有一个预期，当估计的体重不算大的时候，医生的信心也会更足一些。

必须要炫耀一下我的高光时刻

我最引以为荣的两个判断，是在同一个夜班里，两个产妇一起在生。其中一个宫高 39 厘米，腹围 105 厘米，B 超测量宝宝双顶径 9.3 厘米，股骨长 7.5 厘米，头围 33.6 厘米，腹围 36.6 厘米；另一个宫高 40 厘米，腹围 100 厘米，B 超测量宝宝双顶径 9.1 厘米，股骨长 7.5 厘米，头围 33.0 厘米，腹围 36.6 厘米。仅从测量数值上来看，两个胎儿大小差不多，第一个好像稍微大那么一点儿。不过查体之后，感觉两个宝宝相差还是有点儿大的，而且是第二个更大些。所以，第二个产妇潜伏期进展受阻，虽然还没有延长（潜伏期延长，是指从正规宫缩到宫口开 3 厘米的时间超过 16 小时），我就去给她做了剖宫产，结果宝宝 8 斤 7 两。而第一个产妇活跃期停了 5 小时（活跃期指从宫口开 3 厘米到宫口开全，最长不超过 8 小时），但是我当时判断应该是宫缩的问题，我相信她可以生出来，于是给了她充足的时间，陪她生到地老天荒，最后顺利分娩，宝宝 7 斤 6 两。

如果和关云长聊天，他肯定最喜欢和你聊单刀赴会、过五关斩六将，而绝对不会主动和你提走麦城的事儿。所以，作为产科医生，我当然也喜欢把对这两个产妇的判断挂在嘴边了。至于我曾经判断有 8 斤多，结果剖出来只有 7 斤；还有我判断只有 7 斤多，结果生不出来去做剖宫产，剖出来有 8 斤半……这些有损我光辉形象的事情，我当然不会轻易告诉你了！

不告诉你，不代表它不曾发生过。而且，估计体重失误，可以说在每个产科医生身上都发生过；如果谁还没有失误过，只能说他估计过的产妇太少了。

这还只是估计胎儿体重一个方面，而估计胎儿体重仅仅是胎儿因素中的一部分。前面已经讲过，阴道分娩因素众多，产力、产道、胎儿各个因素相互关联，相互影响。每个因素中的某一个方面，都可能对分娩产生巨大作用，从而影响分娩的方式。

是阴道分娩，还是剖宫产？这是一个近乎哲学问题的问题，对于一名产科医生来说，如何选择合适的分娩方式，将贯穿他职业生涯的始终。你不能简单地在这两种分娩方式里选择哪个更好，既然有好的了，为什么还要有另一种方法的存在？这两种分娩方式不存在排他性，各有其适应范围，而你应该做的，是根据适当的情况选择适当的方式。

所以，在本章的最后，要重点强调：**很多问题不是非黑即白的，你不能企图对各种事情都做出简单粗暴的选择。而在关于分娩方式选择的时候，一个外行是没法做出良好判断的，你应该求助于专业人士。医学是专业性很强的学科，而且情况复杂多变，不要企图通过道听途说的只言片语就妄加判断。对专业问题，应该尊重专业人士的建议，**

而不要根据自己一点儿贫乏的经验去想当然。

当然，专业问题交给专业人士去解决，并不是说专业人士的建议总是正确的，比如前面我不愿意提到的，我自己也曾错误的估计胎儿体重。但是，和外行相比，专业人士的建议正确的概率总是更大一些的。很多时候，医生犯错和医术无关，和医德无关，而只是因为医学的不确定性。毕竟，和奇异玄妙的大自然相比，人类实在太渺小了。

第六章
产后妈妈多珍重

从怀孕到分娩，在经历了漫长的九个多月之后，终于“卸货”了。不过，宝宝出来了，任务完成了，不等于你的身体也可以马上恢复到和孕前一样。经历了一次孕产，女性的身体就像经历了一次电脑重新启动一样，不过，这样的重新启动之后，你的身体和生孩子之前相比恐怕要有所变化了。这一章就讲一讲产后的日子。

— 01 —
逃不开的坐月子

讲产后就不能不提坐月子，尤其是对于现代的中国人，存在各种传统的和反传统的观点，不管你是哪一派的，都逃不掉要和坐月子这事儿扯上关系。

关于坐月子的两种论调

目前社会上，关于坐月子这件事儿，有两大论调，二者之间相互争论，互不相让。这两大论调嘛，当然就是坐月子和不坐月子了。

强调坐月子的一派，说坐月子是女人一辈子的大事儿，各种所谓的习俗可谓千奇百怪。在月子里，房间不能通风，产妇不能洗头、洗澡，连牙都不能刷。饮食禁忌颇多，生冷海鲜通通远离，说这是“发物”，对伤口不好。另外，让产妇尽量不要下地，更不要说到户外了。如果你胆敢不遵从，那么就要咒你会落下“月子病”。这东西可不好惹，一旦落下就是一辈子的事儿，要想好，你得再生一个，然后按规则坐月子才成!

简单点儿说，女人一生完孩子，好像突然间就变成了怪物，必须要被牢牢控制住。

强调不坐月子的一派呢，可谓反传统的一支，反对各种传统陋习。在他们看来，坐月子就是典型的传统陋习，需要像破四旧一样彻底打烂。他们好像觉得，女人生完孩子就应该马上像怀孕之前一样。而且还流传着一些说法，说全世界只有中国女性是坐月子的，而科技发达的西方国家的女性，生完孩子都不坐月子；说人家洋人生完孩子当天回家，第二天就上班去了。简单点儿说，女人如果坐月子，就是愚昧落后的表现！

这两种论调都太极端，不靠谱。

到底什么是坐月子

说坐月子之前，得先弄明白到底什么是坐月子。

坐月子最开始其实是古代中国人给妇女做的一些礼仪性的限制。女性最大的神秘性，在于她可以孕育生命。所以，在男尊女卑的古代中国，对女人生孩子当然也要做出很多规定。因此，你最早知道坐月子，应该是记录在《礼记》上的，而不是医书上。在那里，它甚至规定了不同等级的人生了孩子，所要遵守的礼仪都是不一样的。就是说你一平民村妇生了孩子，就没资格坐王公大臣夫人们的月子！

后来，随着中医学的发展，在这些规定的基础上又延展了一些和养生有关的规定，逐渐形成了现在所谓的坐月子。前边说了，坐月子其实是个礼仪性的限制，所以在发展过程中还融入了很多地方性的习俗，如四川的月子、广东的月子、山东的月子、浙江的月子就各不相同。于是发展到现在，所谓坐月子的要求也五花八门，而没有什么规范，甚至各地习惯有的还完全相反！很多所谓的习俗，其实不过是从上一代的老人那儿口口相传得来的。所以，传统的坐月子，更多的是文化习俗，和医学没什么关系。

那么现代的西方人到底坐不坐月子呢？既然传统的坐月子是一种文化习俗，那么如果按照中国这种礼仪性的限制要求来说的话，西方人是肯定不坐月子的。但是，如果单从医学角度来说呢，西方人其实也是要坐月子的，这个坐月子就是指产褥期的恢复。

我们知道，怀孕对于女性来说，在整个孕期的9个月时间里，不单单是作为生殖系统的子宫变大了，而且全身各个系统都发生了很大的变化。所谓“十月怀胎，一朝分娩”，妊娠过程很漫长，但是分娩过程相对很短暂。那么，在胎盘娩出后，就需要一个相对比较长的时间使全身各个系统都恢复到妊娠前的状态，这段时间被称为产褥期，一般认为大约是6周。

所以，西方女性也需要产褥恢复，也要产后随访6周，以观察产褥恢复情况；尤其对有产科并发症的产妇，更应加强随访。别以为洋人不是人，你让人家女人生完孩子第二天就去上班，还有没有人性了？这么侵犯人权的事儿，人家可做不出来。而且，就算很顺利地顺产，产后也至少要住院观察48小时；如果是剖宫产的话，术后则要住院96小时，这和国内相比，大约只少了一天，差别并不大。

坐现代人的月子

那么，从医学的角度，现代女性产褥期应该注意些什么，应该怎么坐月子呢？显然现代的月子是没有那么多束缚禁忌的，但是，还是有些生活上的注意事项。

产后的第一周比较重要，尤其是产后24小时内，要注意出血情况，还有体温、脉搏、血压这些生命体征的变化，当然了，医生也会关注这些。除此之外，我们每天查房针对产后患者解释和嘱咐最多的，还包括以下方面。

饮食 阴道分娩的话，饮食没有禁忌。推荐新鲜的水果、蔬菜、优质蛋白饮食，如肉类、鱼虾。建议多喝点儿汤水，有利于下奶。

小便 因为分娩过程会对膀胱产生刺激，有些产妇生完孩子之后膀胱就麻木了，感觉不到尿意，甚至不会解小便了。所以建议产后定时解小便，比如一两个小时一次，而不要等到尿急了才去。还要特别强调一句，因为产后身体消耗比较大，所以第一次小便要有人搀扶。

褥汗 不少产妇反映生完孩子后会出虚汗。其实，那不是虚汗，而是褥汗。因为怀孕的时候，为了保障给宝宝的供应，孕妇体内血液容量是增高的。现在宝宝出来了，多出来的血容量怎么办？相当一部分是通过汗液排出去的。所以，生完孩子以后出汗是正常的。

清洁 既然生完孩子会出很多汗，那么就要注意清洁了，洗头、洗澡都不是禁忌，千万别搞得自己脏兮兮的。而且，因为恶露的原因，尤其提醒要保持会阴部清洁，否则容易发生产褥感染。所以要每天清洗会阴，并且保持干燥。现代医学认为，即使是在盆中坐浴，盆里的水也不会上行污染阴道。

哺乳 为了宝宝的健康成长，鼓励母乳喂养；为了你自己产后的顺利恢复，鼓励母乳喂养；为了你日后可以减少患乳腺癌的风险，鼓励母乳喂养；为了增进母子间的感情，鼓励母乳喂养；为了你自己的生活便捷，鼓励母乳喂养；就算为了能省点儿奶粉钱，也要鼓励母乳喂养！对于绝大多数产妇来说，母乳完全足够供应宝宝每日所需的饭量，而且还会越吸越多，所以如果宝宝吸完之后还有剩余，不要留着，要及时排空，保持泌乳通畅，小心不要积乳。

当然，除了这些，在产褥期还要注意休息，尽量保障充足的睡眠。产妇每天哺乳喂孩子还是很辛苦的，所以，要抽空睡一会儿。另外，心情的调节也很重要。产后因为激素急剧变化的原因，有一部分产妇可能会出现一些负面情绪。不过，大部分人只是有一些抑郁的表现，还达不到抑郁症的诊断，但是作为产妇和家属也应该有所重视，注意心理上的调节和情感上的支持。

—02—
生完孩子以后的麻烦事儿

十月怀胎，一朝分娩，生完孩子任务完成了，但是身体也随之产生了变化。生完孩子其实还有些事情并没完，不是说注意休息、注意营养就够了的。

生完也不能掉以轻心

我们产科主任曾经给我们讲过一个故事，大约发生在30年前，是她在做住院医生时候的真实病例。

一个产妇因为子痫前期做了剖宫产手术，术后恢复情况良好，于是就出院了。办完出院手续，患者刚刚走到医院门口，就突然栽倒不省人事了。家属赶紧把她抬到医院急诊室抢救，但是最后还是没有救过来。

这个患者经历了孕期高血压的坎坷，经历了剖宫产手术的风险，终于做完手术要出院了，最后还是倒在了医院门口。这是怎么回事儿呢？

最终的结论是：肺栓塞!

这是一种非常可怕的疾病，原因是孕产期血流淤滞，体内流动缓慢的血液在深静脉中比较容易形成血栓，这些血栓脱落之后可能会被血液带到肺部，堵塞了肺动脉血管，从而引起猝死。所以，这个疾病的特点就是起病隐匿，之前可能没有什么不舒服，或者就是觉得有点儿下肢酸胀；但是一旦发病，就会进展很快，让人措手不及，来不及抢救。

在西方发达国家，造成孕产妇死亡的原因中，血栓栓塞性疾病肯定是排在前三位的，甚至有些国家是排在首位的，其杀伤力和凶险程度可见一斑。

虽然这种栓塞性疾病在孕期也有可能发生，但是，经过了分娩或者手术的过程，出现的概率又大大增加了。所以，对于产妇来说，不要以为生完孩子，分娩结束就大功告成了，还有一些风险是不能掉以轻心的。

生完孩子可不能整天躺在床上不动

那么这种疾病有什么方法可以预防呢？药物预防是医生的事情，对于孕产妇来说，平时生活中能做些什么呢？

我们先来看看发生血栓栓塞的一些高危因素：高龄孕妇、肥胖、长期卧床、吸烟、剖宫产手术、产科相关并发症、血栓栓塞家族史，等等。

存在高危因素不等于就一定会发生，但需要高度警惕。在预防上，就需要尽可能地减少高危因素的数量。像剖宫产手术、产科相关并发症、血栓栓塞家族史这些情况，有可能不是你自己能左右得了的，但是另外一些因素自己还是可以注意得到的。比如怀孕的年龄尽量不要太大，比如戒烟，比如饮食控制和体重管理，比如不要盲目要求剖宫产，比如尽可能地减少长期卧床的时间。

所以，在前面产褥期的注意事项中，还有一条没有提到，这里要单独拿出来强调一下，就是产后一定要尽可能地适量下床活动，生完孩子或者做完手术，最好尽早下地活动，千万不要一直卧床休息。尤其对于那些孕期活动就比较少，或者长期卧床保胎的孕妇，适量活动更加重要。现在，你又发现了一条保胎的风险了。所以再次提醒，保胎这件事儿，真的要慎重。

最后，听听天王郭富城是怎么唱的吧：动起来，就拥有精彩未来；动起来，做最精彩的一代！

顺产后阴道松弛？很多人都担心的问题

这可能是很多女性私底下经常讨论的事情，阴道分娩会不会造成阴道松弛，进而影响以后的性生活质量？

答案不是三言两语说得完的。分娩的过程，阴道会被扩张，阴道壁皱褶消失，以利于胎儿娩出。分娩结束后，虽然全身各个系统脏器开始恢复，但是，不可能全身各系统完全恢复至怀孕前的水平，初产妇和经产妇也肯定是有区别的。

不过，关于以后性生活的质量问题，倒是不必过多担心。就好像男人的阴茎粗细长短不是性生活质量的决定因素一样，阴道壁的松弛程度也不是性生活质量的决定因素。虽然和怀孕前相比阴道壁松弛了一些，但还是有正常的弹性和皱褶的。不要以为一说到松弛，就像是电影《波拉特》里说的“巫师的袖子”，正常经产妇的阴道松紧程度，是不会影响性生活的。所以，不必因为这种问题而担心阴道分娩。而且更有研究认为，经过阴道分娩，在更年期时性生活质量相对更好。

另外，坐完月子之后，还可以通过凯格尔运动来锻炼盆底肌。简单地说就是针对可以使小便突然中断以收缩的肌肉，做收缩舒张练习。每天做 3 或 4 次，每次 5 ～ 10 分钟，可以恢复盆底肌张力，预防盆底脏器脱垂。

最后顺带提一句，有些人哺乳期就可以恢复排卵了，而且，哺乳期排卵和月经来潮都没什么征兆，也不规律。有些人哺乳 10 个月，可能会来四五次月经，间隔时间也不固定，这都是正常的。所以，如果在哺乳期有性生活，也要记得做好避孕措施。比较好的方法嘛，推荐避孕套吧。

— 03 —
写在二胎政策放开之后

随着单独二胎政策的放开，越来越多的人又有了新的造人计划。据专家估计，持续到 2025 年，我国可能又要迎来一个生育高峰期，这其中相当一部分是二胎。

经产妇和初产妇还是有些区别的

其实生头胎是生，生二胎也是生，总体上来说都要遵循相同的自然规律，所以，大部分孕产期注意事项也都区别不大。比如说都要注意孕期的定期检查，不是说你第一胎宝宝健康，孕产过程都很顺利，就说明你适合生养，再生二胎就肯定没问题。而且，生二胎的人年龄相对偏大，所以更应该加强孕期检查。

如果你的第一胎就曾经出现过某些问题，比如是早产的，或者有妊娠期糖尿病、妊娠期高血压疾病这样的并发症，那么在生二胎的时候，就更要注意了，你再次发生这些情况的概率要比别人高。

另外，有个比较常见的现象就是，宝宝体重是越生越重的。就是说二胎宝宝通常比头胎要再重那么一点儿。如果你第一胎就生了7斤半的宝宝，那么二胎就要小心可能是巨大儿了。所以，二胎孕妇尤其要注意饮食调节，适量运动，争取把宝宝体重控制在理想范围内。

经产妇还有一个特点，就是一般会生得比较快，毕竟骨盆和软产道被撑开过了，生的时候也就会比第一次顺利些。所以，如果生二胎的话，肚子痛了就赶紧去医院。你看看电影上演的那些，没痛多长时间就生了，甚至生在路上的那种，我怀疑八成都是经产妇。

中国拥有世界上最高的剖宫产率，所以，在生二胎的孕妇中，有相当一部分人是剖宫产后的瘢痕子宫，这部分人的再次分娩也越来越成为问题。

曾经有个生二胎的患者，第一胎的时候孕期不注意控制体重，可劲儿吃，结果宝宝8斤多生不出来剖宫产了。这次怀孕知道要注意控制了，孕期严格要求自己，宝宝体重控制得很理想。结果医生说，上次是剖宫产的，这次虽然宝宝体重没那么大了，但是因为是瘢痕子宫，也还是要剖。这样的结果让这个患者感到有些失落，那么剖宫产之后是不是一定就不能自己生了呢？

剖宫产后的再次分娩

20世纪70年代之前的观点是，“一旦剖宫产，永远剖宫产”（Once c–section，always c–section）。但是随着全球剖宫产率的升高，国外首先开始探索剖宫产后阴道分娩。目前的状况是，欧洲做得最大胆，北美紧随其后，相对保守，他们都已有相当一部分曾经做过剖宫产的孕妇又顺利地阴道分娩了。

而国内情况比较无奈，目前还没有这方面的指南，也没有广泛开展，对于大部分做过剖宫产的孕妇来说，最后也还是以剖一刀结束。

先别急着下国内医疗落后的结论。现在是地球村了，各种信息获取越来越方便，我不是专家教授，就是普通的临床医生，也知道国外的相关医疗状况。所以，要想医疗技术进步，医生这方面的问题不大，问题在别的地方。

国内医疗水平参差不齐，而且之间的差距还不小。所以才会出现患者往大医院挤，基层医院没病源的情况。而前次做了剖宫产，如果这次想自己生，对于前次剖宫产手术的要求是比较高的。从手术原因，到手术操作方法，到术后恢复情况，需要全方位符合条件，并且要把信息传递给再次接手的医生。国外医疗的标准化水平比国内高得多，而且信息共享化也强，很多患者自己不清楚上次什么原因开的刀，或者什么方法开的刀，医生自己一查就知道了。国内做不到这么理想。

而技术层面的问题总是可以解决的，更关键的是人的问题，以目前国内的医疗环境和医患关系，中国医生胆子更小，更不敢冒险。

之前做过剖宫产，子宫上有道瘢痕，再次怀孕的时候，这道瘢痕是有可能会破开的，我们称为子宫破裂。一旦发生子宫破裂，会很快危及大人孩子两条命。不过，目前已经发现，如果前次剖宫产手术是子宫下段横切口剖宫产，而且缝合技术理想，术后恢复情况良好的话，实际上发生子宫破裂的风险是比较小的，只有不到 1% 的可能。而且，就从我们医院尝试的少数病例来看，也确实没有发生过子宫破裂。既然如此，那为什么还不敢广泛开展呢？

1% 的概率是很低，但是就怕基数大。你尝试 100 个患者可能碰不上 1 个，但是如果尝试 1000 个呢？从比例来看就一定会碰上子宫破裂的情况。子宫破裂很难提前判断，一旦发生，就可能面对很严重的结局。如果患者的结局严重了，那么在中国，医生的结局也会非常严重，甚至是有生命危险。

这种事情很可怕，因为发生这种事情，已经不在医生的掌控范围了，医生也没办法做到提前预判。但是很多家属不理解，他们觉得医生应该知道，如果出现情况，就应该是医生的责任。所谓冤有头债有主，出现严重结局总是要有个人来负责的，这时候他们可能会忽视，在很多事情面前，人其实是很无力的，即使是作为医生，即使已经做出很大的努力，很多事情也是无法改变的。

让医生因为自己无法掌控的情况，而去承受可能的言语或者肢体上的暴力，甚至是生命危险，这样的事情实在比较难接受。于是，到目前为止，国内还没有出台一份关于剖宫产术后阴道分娩的医疗指南，而这样的指南，欧美国家 21 世纪初就已经制定好了。更令人沮丧的是，从现在的医疗形势来看，这项医疗处理还遥遥无期。可以说，这是全社会在为现在医疗环境埋单的一个例子。

前一次剖宫产，这次怀孕该注意什么

上次剖宫产，这次怀孕除了分娩方式的问题，还有些需要注意的事情。

首先，两次怀孕的间隔时间不能太短。如果是阴道分娩的话，不少人哺乳结束，间隔不到一年就怀第二胎了，而剖宫产的话就不能这么着急。因为子宫上的瘢痕这么短的时间可能长得还不够结实。再次怀孕，不是只有生的时候才会破裂，如果瘢痕太薄的话，可能还没宫缩，平静状态下也会破裂。所以，如果前次剖宫产想再怀孕的话，建议间隔一年半到两年的时间，给子宫瘢痕足够的时间愈合，当然，同时也应该强调，间隔时间也不是越长越好。

其次，再次怀孕之后，早孕期的 B 超不能省，因为有一小部分人的胚胎可能会着床在子宫的瘢痕上，这是非常危险的，也是宫外孕的一种情况，很容易发生大出血。所以，早孕期需要通过 B 超检查排除一下。

再次，瘢痕子宫到了孕晚期也要更加注意。曾经有个患者就是怀孕快足月了，和第一个孩子玩的时候，被孩子不小心踢了一脚，结果就发生了子宫破裂。所以，瘢痕子宫怀孕时相对更脆弱些，自己和家人也要做好保护。而且，瘢痕子宫发生前置胎盘、胎盘植入的风险也要明显升高，所以孕期的检查就更不能少了。

这些是剖宫产后再次怀孕要注意的，当然，最最重要的还是在生第一胎的时候，做好孕期管理，争取阴道分娩。

第七章 听产科医生讲分娩故事

一般来说，如果可以顺利地阴道分娩，无论对产妇还是宝宝，都是有不少好处的；而且，对于下一次怀孕，也有有利的影响。而剖宫产手术毕竟存在一定的风险，所以，如果条件适合，医生还是希望可以尽量阴道分娩的。但是，“条件适合”，说说容易，真正判断起来有时候还是很困难的。毕竟医生不是神仙，他们还无法预知未来。所以，很多时候，医生也要面临选择的纠结。本章中，就给大家讲几个工作中遇到的真实的故事。

— 01 —

医生“过堂”

“过堂”也算我们医院的传统了。为了降低剖宫产率，科室每个月会拿出一个周四中午的时间来讨论上个月的剖宫产情况。方法就是，随机选出上个月某一天里所有的剖宫产手术，逐个分析手术指征，主刀医生要接受其他医生的质询，回答大家你为什么要做这台手术。有一些手术理由是非常明确的，解释起来自然就很容易；但也有一些手术，理由可能就不那么充分了，你需要有充足的理由回答，这台手术一定要做吗？你有没有做过努力避免这台手术？面对前辈和同行的质疑，有种在法庭上接受讯问的感觉，如果发现有处理不当的地方，他们批评起人来可是毫不留情面的。所以，我们也把这个内部讨论会称为“过堂”。

我的一台手术就曾经被“过堂”抽中过。

宫口开全了还去做了剖宫产

讨论会有全科几十个医生参加，主要提出质疑的是大科室主任和几个病区的科主任，由住院总医师向大家汇报手术和病史。那一次，开始的几个手术指征都是比较明确的，如臀位、瘢痕子宫之类的。

“下一个手术是急诊手术，第二产程剖宫产。”住院总医师继续按常规汇报病史。

“第二产程剖宫产？”听到这几个字，我们的大科室主任来了兴趣。

“是的，宫口开全后1小时40分决定手术，手术指征头盆不称。手术医生田吉顺。”

啊？抽到我开刀的患者了！哪个患者？什么情况？都过去一个多月了，不知道还有没有印象啊！还没等上级医生们发问，我心里已经在打鼓了，脑子里开始快速调集信息。

“头盆不称，第二产程头盆不称。”科主任反复念叨着这个手术指征，显然不是很满意这个理由，“田医生，这是你开刀的患者，情况讲一下吧。”

“时间有点儿久了，具体情况印象不是很深，就记得当时宫口开全将近两个小时了，做阴道检查我发现胎头还比较高，好像只有棘下1.5厘米（棘下1.5厘米，即坐骨棘平面下1.5厘米，指胎头颅骨最低点位于坐骨棘平面下方1.5厘米位置，用来描述胎头下降程度），而且有个比较大的产瘤（产瘤，分娩过程中因为胎头被挤压的原因，形成的头皮下水肿）。产妇产力还可以，但是用力屏气的时候胎头下降不是很明显，所以当时考虑有头盆不称的情况。”我把刚刚努力回想起的信息尽可能地都说了出来。

“胎方位怎么样？”科主任开始提问。

“应该是正的，枕前位。”

“是的，手术记录上描述是左枕前位。”住院总医师帮我补充。

“胎儿出生体重多少？”

“7斤7两。”这个重量我还是记得的，因为已经快要到巨大儿的体重了。

“嗯。7斤7两，胎儿体重也不算小。”看来，科主任还是认可我的看法的。

“从胎儿体重来看，还是比较大的，而且宫口开全之后先露还比较高，从描述来看，双顶径骨质部分应该还没有越过坐骨棘平面，而是形成一个产瘤，所以头盆不称的指征应该是成立的。需要做手术是没有问题的。”听科主任讲到这里，我轻舒了一口气，看来这次讯问要顺利通过了。

“但是，手术时机我们还要再看一下。为什么到第二产程宫口开全了才发现头盆不称？第一产程进展有没有什么问题？会不会有机会早一点儿发现？”

什么？手术时机？我本来以为回答结束了，没想到在讨论完手术指征之后，又要讨论手术时机了。科主任后面又提出一连串问题，一下子把我问住了。

“呃，第一产程的情况，我有点儿记不起来了。”为了缓解内心的紧张，我尴尬地笑了一下。

“那么，把这个患者的住院病历从系统里调出来吧，我们来详细看看具体的产程进展情况。”

看来这次“过堂”没那么简单了。

产程处理要把握火候

病历很快被调出来了。

“先看一下骨盆情况吧。从外测量数据来看，还是在正常范围内的。胎儿体重估计 7 斤，还是估计得偏轻了点儿，不过倒也不是没有试产的机会。”科主任开始从头到尾地查阅病历。

“第一产程有 18 个小时，稍微有点儿长了，我们来具体看一看。”

现在，已经不仅仅是看手术做得是不是恰当了，而是要对整个产程处理的医疗过程进行审查了。办公室里很安静，我可以听到自己的呼吸声。

主任一边从头开始浏览产程记录单，一边读着上面的记录：“潜伏期 8 个小时的时候用过一次安定针，10 个半小时的时候用了催产素。临产大约 12 个半小时进入活跃期，时间稍长，不过也未尝不可，只是活跃期的时候胎头还有点儿偏高。再看活跃期，宫口 5 厘米的时候产程进展又停了两个小时，胎头没有下降，做了人工破膜，羊水是清的。这之后宫口开大的情况还是比较顺利的，但是，到最后宫口开全，胎头还是比较高，只有棘下 1 厘米。”

产程浏览结束，我长舒了一口气——医疗处理上应该没有问题。不过主任的要求还要更高。

“虽然总的产程处理没有太大问题，应该说还是符合医疗原则的。但是我觉得应该还可以做得更好。比如宫口5厘米的时候阴道检查没有发现头盆有问题吗？即使此时发现不了，在宫口近开全时产程进展慢，也应该再查一下阴道情况，做进一步评估。我们在处理产程的时候，不能就满足于不出错，而要尽可能地做到精益求精。”

在我的这些前辈医生这里，是不会仅仅满足于“无医疗差错”或者“符合医疗原则”的，他们的目标，是争取要把每次的医疗处理都做到极致。波普艺术领袖安迪·沃霍尔（Andy Warhol）曾说：“一桩成功的生意，是最美的艺术。”那么，在这些医学前辈眼里，一次无懈可击的医疗处理，也是一件艺术品，他们像对待艺术品一样，对医疗处理的每一步都要做到精雕细琢。这也正是我们对于“医生过堂”总是心怀紧张的原因，因为对于我们这些年轻医生来说，这样的要求显然是非常高的，但是，也正是这样的要求，在督促着我们成长。

“我们每个月的剖宫产讨论，是为了降低剖宫产率，要我们每个医生脑子里都有根弦，不该做的手术就不能做。但是，真正该做的，也不要有压力。产程处理还是需要一些技巧的，尤其对于年轻医生来讲，要讲点儿火候。产程处理得太积极，会人为地增加剖宫产；产程处理得不积极，又会增加围产期各种并发症的发生率。产科医生在处理产程的时候，应该尽量不去做事情。生孩子就像吃饭一样，是个生理过程，应该减少不必要的干预，医疗干预过多，剖宫产率就要上去了。所以，产科医生尽量不要做事情；但是，你得知道什么事情是该做，不做不行。比如这个患者产程中的几次干预，就是很有必要的。虽然到最后还是没有避免剖宫产，但是，如果不给产妇充分的试产机会，确实也很难确定就一定生不出来。我们继续下一个病例吧。”

这就是我的一次“过堂”经历。我“过堂”的这个病例，虽然经过讨论，认为医疗处理是没问题的，但是如果在患者或者家属看来，恐怕就不一样了。毕竟产程经历了将近20个小时，如果再加上之前假临产的时间，产妇恐怕要痛了一天多；而且到最后，宫口已经开全了，还是做了剖宫产，这不就是受二茬罪吗!

我一个同事的老婆也是宫口开全以后剖宫产的，术后住了几天院，就被老婆埋怨了几天。“产门都开全了，怎么还要开刀啊？”“我听你的话，孕期一直控制体重，到头来还是逃不掉挨一刀！”这还是在医院里被我们撞见的，据说回到家老丈人还数落了他半天呢，让我那同事很是郁闷。但是，产程进展变化莫测，不给足试产时间，不到最后时刻，还真的不好判断是不是确实生不出来了，就算是产科医生自己的老婆，也没法做到精确预测。正是这种对未来的不确定性，给医生的决策带来了巨大的压力。

— 02 —

为了让产妇生孩子，医生也要和家属们斗智斗勇

有一次我值周末白班，下午一唤李笑给我打电话，说二病区有个产妇临产了，家属吵着要做剖宫产，让我去看一下。

“为什么要剖？”我在电话里问李笑。

“因为痛啊，说痛得熬不住了，让医生赶紧给剖出来。”

“嘿，宫缩痛什么时候变成剖宫产指征了？”

“我当然知道宫缩痛不是剖宫产指征，但是家属不依不饶啊！”李笑说得也很无辜。

“你跟他们解释啊，剖宫产并发症，宝宝出来可能会有呼吸障碍……”

“都说过啦，”李笑打断了我，“我都已经解释了快 20 分钟了，嘴皮子都磨破了，还是没用。家属就一个字——剖！我是没辙了。刚才产房打电话说要三台同时上台接生，我得赶紧过去洗手上台了，解

释工作您就再接再厉吧。”

挂了电话，我来到二病区的病房。病房里围满了家属，产妇在床上不停地喊叫，产妇老公坐在床边，皱着眉头痛苦地看着。

肚子痛就要剖宫产，那么就没人能生孩子了

我来到床边，摸了一下产妇肚子，子宫是软的，于是问产妇：“现在应该不痛吧？”

“现在是不痛，但是马上就会非常痛了。”产妇停下喊叫，但是表情还是非常痛苦。

“不痛的话，咱就先别叫了。其实，痛的时候也不该叫，太浪费体力了，咱得攒足了劲儿后边生孩子的时候用啊。”

“我不要生啦，我要剖宫产！”一听说我还要她继续生，产妇马上又叫了起来。

“好好好，要剖宫产之前总得先检查清楚啊，你先放松，我得检查检查。”

于是，我做了腹部触诊，宝宝体重估计不大，而且胎头已经入盆了。然后翻看病历，产妇孕期情况良好，没有什么并发症，而且才刚刚进入产程一个来小时，胎心监护正常。从病史和查体情况来看，这是一个有条件阴道分娩的产妇。

“痛了痛了，医生我又要痛了，啊！”我正在看病史，产妇又开始叫了。

“先别叫，按我说的做，闭嘴吸气，对，张嘴呼出来。很好，吸

得再深一点儿，慢一点儿，慢慢呼出来。很好，自己控制一下呼吸的节奏。”

看来，产妇还是可以配合的。

“医生，还是去剖了吧。”这时候，家属中的一位大妈开腔了，语气听上去像是在哀求。

“你是产妇的妈妈还是婆婆？”

“我是她姑姑，她妈妈身体不好，没过来。”

“为什么要去开刀啊？你看她还是可以配合医生的，做得很好啊。”

“但是你看她实在是太痛了啊。”

“生孩子嘛，总是要痛的。我刚才摸过她的宫缩，也看过她的监护单，强度还不是特别强。”我微笑着回答。

“你这个医生是怎么说话的，你要让她痛成什么样才肯剖啊！”说这话的是一位大伯，语气要比姑姑强硬得多了。

“大伯，开刀是要有理由的。不管痛成什么样，都不是剖宫产的理由，都不会因为痛而去开刀的。”我知道自己不是来吵架的，所以还是微笑着回答。

“来来来，医生，我们到病房外面说吧。”说这话的是另一位大妈，边说着边和我一起走到病房外，“刚才那是产妇的爸爸，他是比较着急。”

“哦，没关系，我能理解，很多家属一看到产妇肚子疼了，自己就慌了。”

“我是产妇的婆婆，你看她已经痛了这么久了，我怕对宝宝有影响。”

“大妈，我看过病历了，她痛的时间真的不算久，现在才刚开始呢。”

“哪里刚开始，已经痛了一夜了，还是没生出来！”这时候，爸爸和另外几个家属也一起跟了出来。

在病房外我被家属围住了

现在，家属们已经对我形成了半包围之势，我也正好可以给他们一起做个宣教，省得七嘴八舌一一解释了。

“把她老公也叫出来吧，我一起给你们解释解释。”

“不用了，他一个孩子懂什么，让他在病房里陪着，你和我们说就行了。”在婆婆眼里，她的儿子永远都是孩子，即使是现在他即将迎来自己的孩子。

“好吧，是这样的，从我们医学上来看，产妇现在才刚刚临产没有多久，她之前的痛其实是假临产，都是无效的宫缩，只有最近这一个多小时的宫缩才规律起来，才可能是有效的。关于剖宫产的风险和并发症，刚才李医生应该都给你们讲过了。我看了她的病历，也做了检查，从目前来看，她的骨盆条件不错，宝宝体重估计也不大，之前做过的胎心监护也都正常，也不存在宝宝缺氧，所以是可以自己生生看的。”

“但是她现在痛成这样了怎么办？”产妇的爸爸继续追问。

“生孩子就是要这么痛的，如果不痛就生不出来了，我们还要用催产素让她痛呢。所以痛不是问题，现在有分娩镇痛麻醉了，到时候可以打麻醉的。”

“刚才那个医生说了，你们医院要到产门开了3厘米才给打麻醉的，这之前怎么办啊？”姑姑还是一脸的哀求。

“大妈，你也生过孩子吧？以前没有分娩镇痛麻醉，不也都熬过来了？3厘米之前的痛也都是可以忍的。到现在为止，因为剖宫产出现并发症的不少，但还没见过因为痛而痛出事情的。所以，你们家属现在应该给她心理上的支持，鼓励她继续坚持，而不能扯她的后腿啊。”

“你刚才就说生生看，那要生不下来怎么办？”这次发问的，是一个不知道是什么关系的男家属。

“如果真的生不下来，那就只有剖宫产了。”

“生不下来才剖，那你们医生为什么不能早一点儿开刀，非要让患者吃过苦头、受了罪才肯做手术啊！”那位不明身份的男家属说得振振有词。

“因为大部分人都是可以顺利生出来的，只有一小部分人可能生到后面会生不出来，或者发生宝宝缺氧的情况。但是开刀是有手术风险和并发症的，为了这么一个还没有发生的小概率的事情，去冒手术的风险不值得。所以，我们总要等到真的出现问题，再去开刀，那样，即使是有手术风险，冒险也是值得的。”

“医生，我知道，剖宫产其实是个小手术，没那么大风险的，我们也都相信你，不会有问题的，你就帮帮忙给剖了吧。”这时候，婆婆开始微笑着鼓励我了。

“别，这事儿上你可别相信我，我都不相信我自己。剖宫产绝对不是小手术，没有哪个医生敢保证做剖宫产手术肯定不出现并发症。再说，就算手术当中没发生并发症，术后恢复也比自己生慢很多，而且，如果要生二胎的话，也比自己生有更多的麻烦事儿。如果不该剖的给剖了，到时候你们就要后悔了。”

“医生，我们是真的信任你，你就帮帮忙吧。”边说着这话，姑姑已经把一个红包拿在手上，要往我口袋里塞了。

现在我看出来了，他们是男家属负责唱红脸，女家属负责唱白脸，可谓软硬兼施，威逼利诱。这一招，我们家在装修房子的时候也用过。对装修队的包工头，我和我老婆就是一个唱白脸一个唱红脸，目的就是要让他们保质保量地把房子装修好。但是，开刀可不是装修房子做生意，人命关天的事，可不能这么唱唱大戏就决定了。

我赶紧把她的手推出去：“大妈，不是你想的那样。不给她开刀，不是故意为难你们，是她现在确实没有开刀的必要。我刚才也说了，如果过段时间我们评估一下，真的是生不出来了，或者宝宝在肚子里有缺氧的表现了，到时候我们也会建议你们去做手术的。但是现在，自己生的风险更小，我们总是要选择风险小的事情去做。”

“你们又保证不了一定生得出来，现在又不给开刀，将来万一痛了半天还是去剖了，就是受二茬罪啊！”看我把红包推回去了，产妇的爸爸又不干了。

“这不是二茬罪，即使是最后做了剖宫产，宝宝之前也经历过产道挤压了，出生以后呼吸功能障碍的发生也会减少的，所以，没有白吃苦头、白受罪。”

我突然没有耐心了

这时候我的手机响了，产房有一个合并腹股沟疝的患者宫口开全开始用力生了，助产士担心屏气的时候腹股沟疝复发，甚至发生嵌顿，让我过去看一下。这时我才发现，原来我也已经在这里磨了二十多分钟的嘴皮子了。

为了一个没有任何特殊情况的产妇，仅仅是因为家属的各种不理解和一意孤行，两个医生花费了半个多小时的时间做解释；而产房里，真正需要医生处理的患者，现在只能在那里等着。想到这里，我的耐心突然下降为零，我不想，也没有时间和他们多说了。

“好了，我现在有患者需要马上去处理。明确地告诉你们，你们的这个产妇，现在还没有什么特殊情况，在我这儿，是肯定不会去做剖宫产的。我们会常规观察产程，发现问题我们自然会处理的。”我的表情严肃起来了。

说完我转身要走，姑姑像拉住救命稻草一样一把拉住我：“医生，不行啊，她肯定坚持不下去的，你就给帮帮忙吧。”

这下我心里不高兴了：“你别拉着我，我还有患者要去处理呢。你们的产妇现在没什么问题，是不能去做手术的，你们就死了心吧！”

拉开她的手，我走向楼梯，听到后面一个男家属的声音：“这个医生怎么能这样！”

孩子生出来了，我被抱怨态度不好

后来，我问产房里的同事，这个产妇最后的分娩结局怎么样。

“生了，当天晚上就生出来了，小孩子只有 5 斤 8 两，生得很快。生完以后家属都很高兴，说没想到生得这么顺利，还说那个医生当时没给开刀是对的，但就是态度不好。”

我和同事都笑了。

同事笑了，是因为我为患者做了正确的决定，还被怪态度不好，这件事好笑；而我笑，是因为压力终于被释放了。是的，没有同意产妇和家属的要求去做剖宫产，是有很大压力的，至少现在在国内是有很大压力的。前面已经提到过，分娩过程影响因素众多，情况瞬息万变，你没办法保证下一步会出现什么。产妇和家属要求剖宫产，但是你不同意，这本身就形成了矛盾。如果产妇生到后来，因为种种原因没有生出来，最后还是去剖了，那医生就会有点儿麻烦了。因为产妇和家属早就要求剖宫产，医生不答应，最后受了半天罪，还是剖了，那你医生为什么早不答应？为什么不一开始就去做？为什么不尊重患者的要求？是不是因为红包没送到啊？如果剖宫产结局良好则还罢了，万一再有点儿什么意外，出血多点儿，或者产褥感染，那医生的麻烦就大了，马上大帽子就先扣上了——这就是缺乏职业道德而导致的患者严重后果，恐怕轻了是投诉、上媒体、打官司，重了可就是皮肉之苦了。

百依百顺？臣妾做不到啊

后来，我把这事儿给李笑说了："记得上次咱俩轮番上阵劝说，不给做剖宫产的那个产妇吗？后来生得很顺利，但是家属觉得我态度不好。"

"这事儿没办法。患者又没学过医，他们确实不好判断什么样的是好医生。很多患者觉得，态度好就是好医生，甭管最后结果怎么样，让她看病过程觉得舒坦，她就觉得你好。所以你看看有些私立医院，绝对微笑服务，百依百顺，全程陪送。一个个的都宫颈糜烂，治得那叫一个起劲儿啊！但是患者不懂啊，以为自己得了什么大病，反正我来看病的过程是很满意的，这就够了。像我们医院这么多患者，这么多急诊和重病人，要在一个人身上花半个小时，就有几十个人没法看病了。那个产妇我真是嘴皮子都磨破了，从阴道分娩四大因素讲到剖宫产手术并发症，那边又打电话催我去接生，哪儿还有时间在那儿耽误工夫啊，我都快急了，所以就把你叫过去了。看来效果不错，家属觉得态度不好的是你，他们是不是觉得我还挺不错的？嘿嘿。"

"你别美了。我花的工夫不比你少好不好！我觉得自己已经够有耐心的了，到后来也是产房催我，我也没工夫在那儿耗了。"

"耐心这东西，是要有充足的时间做前提的。我也不想整天火急火燎的，也想像电视宣传片上那样，耐耐心心地坐下来，微笑着拉着患者的手嘘寒问暖，和患者谈谈人生、谈谈理想。你也知道，我可是个喜欢聊天的主。但是臣妾做不到啊！你看看产房这形势，每天跟打仗似的，还想多聊会儿？你跟这个患者有耐心了，别的患者可就都没耐心了！病房里一个医生要管那么多患者，产妇们谁都是爹生娘养的，在家里都是当小主供奉着，现在来生孩子了，都觉得自己的情况是最着急的，那我也只好每天跟上了发条似的。”

其实，几乎每个医生都希望自己能成为好医生。而一提到好医生，就会提到一个词：仁心仁术。何谓“仁心”？就是要为患者好。怎么叫为患者好？就好像做父母的都会为孩子好，那么一切都依着孩子、惯着孩子就是为他好吗？医生为患者好是从专业角度出发的，不是什么事都听患者的就是为患者好。而从专业角度出发就可能会和患者的要求有矛盾，当你的要求医生不答应，被医生拒绝了，你还会觉得他这是为你好吗？你会不会犯嘀咕：他为什么要为难我？他为什么要和我过不去？难道他是暗示我送红包？于是就会觉得医生对你不好，会觉得这个医生没有“仁心”。

— 03 —

产妇拒绝了剖宫产手术

上一篇中讲到产妇和家属“讨手术”做的事情，这种事情在平时工作中也会经常发生。作为读者，你可能看到了医生专业准确的判断，有时候会不会觉得这医生的形象有点儿太“伟光正”了？难道医生的建议就都是这么精准，而患者和家属的要求如果与医生相左，就肯定是患者的不是吗？医生的判断上有犯错的时候吗？有！前面已经说过，只要医生不是神仙，就总是有犯错的可能。这一篇就要讲一个医生，确切地讲是我自己判断错误的事情。

我从记录中仿佛看到了那晚的惊心动魄

有一次夜班后半夜，收了一个破水临产的产妇。这是一个经产妇，第一胎是一年多前自然分娩的，而且，还有一个更重要的信息，第一胎分娩的时候，发生了肩难产！

“第一胎肩难产了？”我得详细了解一下相关病史。

“是的，就是头出来过了很长时间肩膀才出来。”看来产妇对病情相当了解，还在向医生解释。

“宝宝出来后情况怎么样？”

“8斤，去新生儿科观察了一段时间，后来没多久就出院了。现在蛮健康的。”

“没有什么损伤吧？”

“没什么损伤，所以这次又来你们医院了。”

“哦，上次就在我们医院生的啊？”

“是啊，上次有好多人接生，都说吓死了、吓死了，不过我相信你们。”

“上次有没有糖尿病啊？”

“没有，这次也没有。我平时身体都挺好的，而且这次怀孕一直很注意控制饮食。”

既然是在我们医院分娩的，于是我去电脑上调出了一年多前她的那份住院病历。

上次的分娩时间大约是凌晨1点。“胎头娩出后娩肩困难”“予屈大腿、耻骨上方加压”“一唤医生上台协助”“二唤医生到场协助”“新生儿医生协助抢救”“新生儿评分：1分钟8分，10分钟10分”“新生儿双上肢抬举良好”。

从这些病程记录中，我仿佛看到了一年多前的那个凌晨，为了这个肩难产的孕妇，一群医生护士忙碌在分娩室中抢救的场面。可以想象得出，那个夜晚，我的这些同事经历了怎样的惊心动魄！

“你的第一胎宝宝有整整8斤重啊！”

“是的，医生说是个巨大儿。你看看我这一胎还会有这么大吗？”

“嗯，比较难说，不过凭经验来看，一般都是越生越重，第二胎通常会比第一胎再重一些的。”

“啊？还会再重啊？那不肯定也是个巨大儿了？”

我又仔细浏览了她这次孕期检查的记录，然后做了腹部触诊：“嗯，现在来看，估计体重应该在 8 斤以上，恐怕确实要比上一胎再重一些。我看，还是做剖宫产吧。”

我被孕妇说服了

“剖宫产？你是说不能自己生了吗？”

“不是说你自己生不出来，但是你上次分娩是肩难产，这一次再次发生肩难产的风险要比其他人明显升高了。而且这次宝宝的估计体重恐怕比上一个还要重一些，所以还是剖宫产可能对宝宝更安全一些。”

“医生，我真的很想自己生。上一个 8 斤的也生出来了，这一次怎么就不行了呢？”

“不是说不行，而是说风险比较大。对肩难产的风险你了解吗？”

“了解，上次肩难产以后，我去查过资料的。肩难产主要是对小孩子的损伤，可能会有窒息，会有锁骨骨折，会有神经损伤。对大人的影响可能会有产道裂伤。这些我都去了解过了。”

听到这儿，我笑了：“呵呵，看来你还真是做足了功课了。那么知道这些风险之后，还是打算自己生吗？”

“是的，医生，我还是想自己生。上次已经发生过一次了，现在我的宝宝很健康，我觉得上次你们医院处理得很及时，我相信你们医院，所以这次才又来这里生了。”

“先得谢谢你的信任，但是还是得告诉你，肩难产的处理，不是每次都那么成功的。上次处理得很成功，宝宝没有什么损伤，但是出生评分也被扣分了啊。虽然后来恢复得都很好，但是没法保证每次运气都那么好吧。”

“医生，难道我这次肯定会再发生肩难产吗？”

“那倒不是，上次发生过肩难产，这次再次出现的概率大约15% 吧。”

“那就是说还有 85% 是不会出现肩难产了？”

这次我又笑了：“呵呵，这只是一个概率数字，这个数字的绝对值是没什么意义的。事情发生了就是 100%，没发生就是 0。如果之前没有发生过肩难产的孕妇，这个机会只有大约 3‰，即使是巨大儿的孕妇，如果没有糖尿病，发生肩难产的机会也就 5%。而你的机会是15%，就是说风险是大大升高了的。”

“医生我明白，但是我相信你们，风险我愿意承担！”

病人对医生的信任，医生是可以感受得到的，而不是一句“医生我相信你”这么简单。很多病人会说“医生，我相信你，这个手术肯定没问题”，而很多时候他其实要表达的不是字面上的意思，他真正的含义是“医生，我要求你，这个手术必须没问题”。要知道，医生是和很多人沟通打交道的，他可以听得出你的真实意图。而在和这个孕妇的沟通过程中，却可以感受到她对医生切切实实的信任。她了解风险，又敢于承担风险，她相信医生的建议是为她好，同时也相信医生会为她全力以赴。这份勇敢和信任，甚至让医生感动。但是，从理性上来说，我还是要再劝一下的。

“你确定对于风险有足够认识了吗？肩难产最差的结局，宝宝会有严重窒息，甚至死产，即使抢救成功，也可能会有很严重的并发症，比如说脑瘫。”

“医生，这些我都查过了，也都清楚。我相信你们，我自己也有信心，也相信我的宝宝，我愿意承担风险！”

我被她说服了。我相信她自己对于风险也是有着充分而理性的认识，面对意志如此坚定的孕妇，作为医生有什么理由不陪她一直战斗到最后呢？

后来，这个孕妇在我的班上没有生，我向白班的春哥交了班。

“上次就是肩难产，这次估计体重有 8 斤多，还不肯剖宫产啊？”春哥的第一反应和我一样。

“是啊，自己生的意愿很坚决，风险也都很清楚，已经签了阴道分娩同意书了。”

“我还是再劝她一下吧，风险升高了10 多倍呢！”春哥还是不肯罢休。

当然，结果也是一样，春哥也被说服了。

这个孕妇分娩的时候我已经回家睡觉了。据说，接生时的场面宏大，医生、护士都如临大敌，严阵以待，做好了随时抢救的准备。结果，宝宝 8 斤 3 两，顺利生出，没有发生肩难产！

后来，我和霍主任谈起这个患者。

“哈哈，你看看你们，判断失误了吧，人家什么事儿没有！”

“是啊。从结果来看，如果患者当时接受了我们的建议，做了剖宫产，那么这其实是一台本可以不用做的手术。”

“本可以不用做，”霍主任重复了一遍我的话，“那么下次再碰到类似患者，你就不建议她做剖宫产了吗？”

我想了想，说：“应该还是会建议的吧，毕竟一旦发生了，结局太可怕。”

“其实在国外，如果第一胎发生了肩难产，在第二胎的分娩方式选择上，也没有很明确的说法，不同的医生在判断上也会有所不同。剖宫产当然不是必须的，但是产妇本人必须对风险有详细的了解。”霍主任稍微顿了顿，又补充了一句，“以目前国内的医疗环境，还是建议手术吧！”

“嗯。好像很少有患者愿意这么勇敢地承担风险，同时又这么信任医生的。”

肩难产的并发症里，其实还包括医生自己的恐惧感

“主要是信任，相互之间的信任，”霍主任说这话的时候，表情很严肃，“网上有很多这样的说法，说医生为了赚钱，你一进医院就开始吓唬你，让你做剖宫产。比如像你这种情况，如果是碰上不理解

的患者，显然就会这么以为，幸好没听医生的，否则白挨一刀！而另一方面，如果在阴道分娩过程中出现了什么问题，患者可能又会怀疑是医生的不负责任造成的。尤其是如果患者之前就要求手术，而医生拒绝了，后面再出现情况，比如又转成剖宫产了，他们就更有理由怀疑你之前的‘不负责任’了。这是患者对医生的不信任。”

“同时医生对患者也不信任，”霍主任接着说，“担心万一出现不良后果，患者会来闹，甚至会有家属动手，现在这么多的伤医事件实在让人心寒。所以医生在评估风险的时候，恐怕不仅仅是考虑疾病给患者带来的风险，还有其他的，包括医生自己要经受的风险。所以，如果让你说肩难产的并发症，除了孕妇和新生儿的，恐怕还有一条你没说出来，就是作为医生，你自己的恐惧感！可以说，国内这么高的剖宫产率，是和医患之间的相互不信任有着很大关系的。”

霍主任的话可谓一语中的。我在劝说孕妇的时候，最后向她强调的那些严重后果，不也正是我自己所担心的吗？

“确实如此！而那个孕妇向医生表达出的信任和愿意承担风险的果断，可以说是缓解了医生的恐惧感，减轻了医生自己的‘并发症’。”我明白当时为什么会被那个孕妇说服了，我想，后来春哥应该也是和我一样的吧。

“医生的担心其实还不止这些呢。还包括医院里的压力，每个月的‘过堂’你怕不怕？”

我撇了撇嘴。

“就说肩难产吧，我们医院去年一共有 3 个锁骨骨折，这种事情谁都不愿意发生，但是它确实是有一定发生比例的。我们医院去年的年分娩量是15000，除去剖宫产，单阴道分娩也有八千多。就按肩难产最低的3‰的发生率，也要有二十几个。这种发生比例是没办法的。而且，肩难产是最难提前预料的，有一半以上的肩难产发生在正常体重的新生儿身上。所以，以这么大的分娩基数，就一定会出现这些情况，问题是肯定会发生的；只是，我们不知道会在什么时间发生，发生在哪个患者身上。现在，各种危重患者下级医院都喜欢往上面转送，患者情况更复杂了。我们医院已经是全国最大规模的妇产科专业医院之一了，但是，'多'是没有用的，要做得好。你做得再多，没人知道也没人会关心；但是一旦出了事情，全世界就都知道了，搞得好像你天天都在出事情一样，你的其他工作就都被抹杀了。"

"唉，真是越说压力越大啊！"

"其实，医患间的不信任就像内部摩擦力，是会发生内耗的，医生患者总要以各种形式为这些内耗成本埋单。你说的这个病例，不仅仅是产妇和新生儿运气好，最后顺利生出来了；你自己运气也很好，遇上了通情达理的患者，选择了信任医生，勇敢地和医生一起承担风险。你也选择了相信患者，消除了自己的恐惧感，愿意和病人一起面对疾病。最终获得这样的结局，是上天对你们相互信任的回报。"

就诊的过程，也是医患间的一次缘分

撇开霍主任提到的相互信任，单说对这个孕妇的判断，从最终结局来看，我显然是犯错了。因为我基于15%的肩难产风险，给出了剖宫产的建议，而就结果来说，这样的建议是错误的。但是，这种对错的判断，是事后诸葛亮式的，是基于“全知角度”判断的。在你看到我告诉你最后结果之前，你也不知道会发生什么吧。设想一下，如果最终的结果是真的发生了肩难产呢？所以，医生在做决定的时候，是没办法提前预知最终结果的，而医生做出决定的依据，恐怕只是一个概率。

既然是概率，那么就会有犯错的可能。就好像我根据天气预报的降水概率 10%，推测明天不下雨，于是做出不带伞的决定，结果被淋在路上了。这种事情不是不会发生，但出现这种判断失误的概率也是小的。在对于未来事情预测的时候，医生的依据是科学的统计结果，所以，和缺乏医学专业知识的普通大众相比，虽然医生也有犯错的可能，但是医生犯错的概率是小的，那么理性上来讲，最好还是尊重医生的专业建议为好。

医生看病的过程，是一个医生与患者互动的过程，这个过程可以体现出医生和患者双方的人生观、价值观。比如这个孕妇，她对医生的信任和自信，她敢于承担风险的性格，就是她的个体化的体现。而在看待肩难产 15% 这个概率的时候，这个孕妇看到的是 85% 的好的结果，是倾向于乐观的态度；而我作为医生，看到的是比正常孕妇增加十几倍的风险，因为可能的严重结局，所以我会把这个 15% 的概率看得更重，我怕一旦发生，我将满盘皆输，态度倾向于悲观。当然，这里的乐观和悲观没有感情色彩，只是一种态度，这种态度影响了不同人的决策。

对于同一件事情，不同人有不同的看法。这次我碰上了这个孕妇，发生了这样的事情；但是，就像霍主任所说，对于第一胎发生肩难产，第二胎的选择分娩方式问题，不同医生的判断也会有所不同，如果这个孕妇换了另外的医生，或者我又碰上另外的孕妇，可能结果又会不一样了。所以，在就诊中，医生和患者遇上谁，真的是一种缘分。而既然是一次互动，那么医生要做的，就是在给出建议的同时，把他所知道的信息告诉患者，和患者一起做出决定。患者对于医生建议的态度当然可以各不相同，不过我想，除非你有像这个孕妇一样的勇气，同时又有那么好的运气，否则，最好还是按照医生的建议去做。

— 04 —

产科需要神一样的队友

对于分娩方式的选择，简单点儿说，就是医生把对大人孩子的各种利弊得失都放到天平上，权衡之后挑一个共同获益最大的。但是，实际操作中又哪有那么容易呢？产妇生孩子的时候，自己生怕生不出来，剖宫产又怕手术风险，所以会有各种纠结。其实，医生的纠结一点儿也不比产妇少，因为医生要考虑得更多。如果说上一篇的例子中，因为无法预知未来的结果，所以我的决定很难说对错的话，那么这一篇中要讲的例子，就真的是我的失误了，因为我的纠结。

虽然很犹豫，我还是让出了手术台

这是一个没有任何并发症的健康孕妇，潜伏期的过程也很顺利。进入活跃期，宫口开到 5 ~ 6 厘米的时候，产程停滞了。我去做了人工破膜，发现羊水混浊了。

正常情况下羊水应该是澄清的，或者掺杂了一些从胎儿皮肤上脱落的胎脂，变成白色。如果胎儿在宫内有缺氧的表现，可以造成胎儿肠蠕动亢进，肛门括约肌松弛，把胎粪排出从而污染羊水，使羊水变得混浊。根据羊水混浊的程度不同，又分为3度，其中的Ⅲ度混浊是最严重的。

当然，如果出现羊水Ⅲ度混浊，也并不意味着一定存在胎儿宫内缺氧，因为随着孕周的增大，一部分正常胎儿也会发生羊水污染，而且孕周越大，发生羊水污染的概率也越大。所以，如果在分娩的时候发现羊水混浊了，也不一定必须马上做剖宫产手术，需要综合判断，如果估计可以比较快地结束分娩，也是可以自然分娩的。

所以，当看到破膜后羊水Ⅲ度混浊，助产士问需不需要做术前准备的时候，我说："现在宫口已经有5～6厘米了，胎心也还是正常的，就先等等看吧。再给她半个小时的时间，持续胎心监护，如果宫口能开全了，就可以自己生出来了。"

半小时后，我又做了一次阴道检查，宫口开到7～8厘米了，胎头也比之前下来了一些。虽然没有达到我所预期的宫口开全，但是毕竟比之前有所进展了。

"怎么样，要不要去手术？"助产士问。

"呃，我想再继续等一下。"说这话的时候，我的心里有些犹豫。毕竟产程进展没有我希望看到的那么理想，但是，如果这个时候去手术，我还是觉得太可惜了。

"现在三病区还有一个臀位胎膜早破的患者，如果你决定这个患者阴道分娩，再等一下的话，那么就让那个患者先去开刀了。"助产士说。原来是有人在等我的手术台。

“好吧。”虽然很犹豫，但是我还是答应了。

我改变主意的时候已经晚了

又过了半个小时，宝宝的胎心突然出现了减速！

“田医生，有胎心减速！最低到90次左右！”助产士马上向我汇报。

我赶紧又查了一下宫口，只是近开全，虽然胎头的位置又有所下降，但还是比较高的。

“怎么样，现在有没有想解大便的感觉？”我问产妇。

“稍微有一点儿，但不是特别强烈。”

“好，那就趁着这一点儿感觉，用力把大便解出来吧！”我不打算继续等下去了，虽然宫口还没有完全开全，但也可以用力屏气了。

产妇按照我说的方法开始用力屏气，用过几阵之后我发现，胎头下降得并不理想；而每次宫缩的时候，都会有明显的胎心减速。现在我判断，短期内恐怕很难自己生出来了。

“算了，还是术前准备吧！”我向助产士下了医嘱。

“术前准备？现在哪儿还有手术台啊？之前你不是把台子让给三病区的臀位的患者了吗？”助产士提醒我。

“没有手术台了？那其他台子呢？”

“都还在做啊。刚才只有那一台空下来了，现在都已经在做了。如果你要手术，那只能等别人做完了。”

既然没有手术台，那么与其在这儿等着别人开完刀，不如继续让产妇用力，兴许可以更快些呢。这样想着，我又开始指导产妇用力了。

这样又指导了大约半个小时，宫口是已经开全了，胎头也下来了一些，胎心还是有减速。

“徐子龙一台手术已经做好了，你这台还要不要去开啊？”助产士向我汇报。

现在，宫口已经开全了，如果去手术的话，要麻醉消毒，起码也要20分钟；而如果再继续用用力的话，估计就可以拉产钳了，那么就可能会比做手术更快结束分娩。

“宫口已经开全了，就先不手术了，再生生看吧。”我又改变了之前的决定。在一个多小时里，我改了三次决定，每次都没持续多久。

宝宝终于被产钳拉出来了，但是没有哭声

过了一会儿，刚下手术的徐子龙路过分娩室，听到了变慢的胎心，就过来看了一眼。

“胎心这么慢，什么情况？”徐子龙问。

“宫口开全了，但是胎头还有点儿高。”我说。

“羊水怎么样？”

“之前有Ⅲ度混浊，这段时间没看到流出来了。”

这下，徐子龙的眉头皱起来了：“我来看一下。”

徐子龙戴好手套，做了一次阴道检查。

“胎心又减速了，为什么不拉产钳？”

“我感觉胎头还有点儿高。”

“那么你判断头盆相称吗？”

“呃，应该是相称的，应该可以生得出来。”

“既然判断头盆相称，宫口也已经开全了，胎心这么慢，为什么还不拉产钳！”一向笑嘻嘻的徐子龙，突然严肃起来，还真让人有点儿害怕。

“我是感觉胎头还有点儿高。”以我当时的水平，这种情况的拉产钳，心里是很没把握的。

“我帮你拉！赶紧铺台准备！新生儿科医生也叫来准备新生儿复苏抢救！”

洗手、穿衣、导尿、麻醉、侧切、上钳。

很快宝宝被拉出来了，但没有哭声，新生儿出生 1 分钟的评分只有 7 分。

“快，清理呼吸道，新生儿科医生帮下忙！”徐子龙还在指挥。

终于，在新生儿科医生和龙哥的帮助下，宝宝终于放声大哭，5 分钟评分满分——10 分。

医生要果断，不能怕出错

缝完侧切口，龙哥也已经浏览了一遍产程记录。他问我：“人工破膜的时候宫口 5 ~ 6 厘米，你继续试产还是可以的。但是半个小时之后，宫口只有 7 ~ 8 厘米，胎头也没有很低，当时为什么没有决定剖宫产？”

“我是想产程还有些进展，以为之后进展可以很快，那个时候去剖感觉有点儿可惜了。”我为自己辩解。

“可是又过了半个小时，宫口还是没有开全，没有进展得那么快啊。”

“是啊，那个时候我再决定手术的时候，已经没有手术台了。”我还感到有点儿委屈。

“不是手术台的问题，而是你之前的决策有问题。人工破膜的时候羊水Ⅲ度混浊，你是怎么决定的？”

“我想可以短期试产，如果可以短期内宫口开全，那么还是有阴道分娩的机会的。”

“短期内宫口开全。那么当你再次检查的时候有没有开全呢？没有！那你当时为什么不马上决定手术？那个时候可是有手术台的。”

“当时产程还是有进展，我觉得当时去剖有点儿可惜了。”

“羊水已经混浊了，而且产程进展没有达到你理想的情况，去手术有什么可惜的？我想你其实不是觉得可惜，你是害怕犯错，你怕万一这个人很快可以生出来了，再去开刀就没有指征了！”徐子龙一句话点破了我，我没有再回答。

“做产科医生，决定一定要果断，不能怕出错。之前要有预判，一旦出现情况，你作为医生不能纠结。如果你犹豫了，可能机会就在你的犹豫中失去了，重要问题的果断处理是产科医生最起码的能力。其实，后面的产程也有问题。宫口开全之后为什么不拉产钳？胎心已经那么慢了，而且你评估过头盆相称，判断有分娩条件，那为什么还不快一点儿产钳结束分娩？”

“呃，我当时确实没有把握。”

这时候，徐子龙大概看到我的样子有些可怜，好像突然意识到之前的语气有些过于严肃了，于是语气一下子缓和下来："哦，你得对自己有信心嘛！其实，产钳就是拼个胆儿，情况紧急的时候，只要你判断能生得出来，就先果断拉出来再说。"

"嗯，谢谢龙哥帮忙。"

"不用客气。下次再遇到这样的情况就知道了。医生嘛，就是要多做，做得多了就有体会了。"

不要迷信"神医"，医生都会犯错

很多人以为只有"坏医生"才会出差错，"好医生"都是对患者殚精竭虑、鞠躬尽瘁的，哪会犯错？其实，正是因为"好医生"殚精竭虑、鞠躬尽瘁，管得患者多了才更有机会犯错。

每个医生都会犯错，但真正因为医生犯错而出现严重后果的情况却没有那么多，因为人类还有很强的自身调节能力。很多时候，恐怕不是医生治好了病，而是患者自己好了。医生远没有想象中那么大的本事，更多时候我们应该感谢人类几十万年的进化和对自然的适应能力。除了人体自身的调节，还有就是别人的帮助了。一个医生的力量是有限的，当医生们组成团队的时候，一个医生的个别失误，就可能会被稀释掉。比如前面提到的妊娠期急性脂肪肝的患者，我没有判断出来，但是所幸有我的二唤医生及时发现，才没有发生严重结局。比如这个例子中，我的纠结险些酿成大祸，幸好有龙哥出手和新生儿科医生相助，宝宝才转危为安。

可能很多人会以为医生就是单打独斗的，像“扁鹊见蔡桓公”“华佗刮骨疗毒”，这些传说中的神医，都是可以凭一己之力扭转生死的。但是，要提醒大家的是，神医的重点不在“医”，而在“神”。在我看来，那些神医恐怕原本就是神仙，而“医生”不过就是神仙下凡转投人间的时候，做掩护的一个职业罢了。比如天蓬元帅比较惨，错投了猪胎，变成了八戒的模样；倘若他投了“医胎”的话，就必定是个神医了。所以，不要迷信神医，世间也没有神医。神医是神而不是医，真正的医生，总是会有力所不及的时候，也有犯错误的时候。

2003 年 2 月 1 日，美国哥伦比亚号航天飞机失事，7 名宇航员全部遇难。从调查报告中看，这次失事不是某一个方面的疏忽，而是从材料安装到宇航员准备，许多环节都出现了问题。当某一个问题单独存在的时候，可能不一定酿成大祸；而当一连串的问题碰巧同时出现，恐怕悲剧就要随之发生了。

都说“不怕神一样的对手，就怕猪一样的队友”。不过，人好像都倾向于自负，好像总是自己一直很神。有没有想过，你可能就是别人眼里猪一样的队友？除了上帝，没人可以一直扮演神的角色。尤其作为产科医生，要不断提高自己的专业水平；但是，一个人的力量毕竟太小，产科是需要团队协作的。

—05—

产科医生的压力

医学是很依赖经验的一门学科，在医学院上解剖课的时候，学生们要向尸体默哀致敬，因为我们现在的知识，都是从这些前人身上获得的。现在的大医生们，经验丰富，技术精湛，但是在他们年轻的时候，肯定也会因为经验和技术的限制，在一些患者身上犯错误。可以说，是那时候的患者，把他们的恩惠通过现在的大医生们传递给了现在的患者。同样，现在的年轻医生，比如我，也像前面写到的那样，会在患者身上犯错。在上一篇中，因为我的纠结，险些酿成大祸，而这次的经历，就成功地传递到了下一位患者的治疗上。

面临选择，我进退两难

那天一大早刚刚上班，夜班医生就向我交班："有个胎心减速、羊水混浊的患者，已经送到手术室了，术前谈话签字也已经签好了。昨晚开了四台刀，还拉了一把产钳，真是忙死了，手术你去帮忙做一下吧。"

虽然医院规定，自己班上决定的手术要当班完成，但是，看着满脸菜色的夜班医生，听着他的悲惨遭遇，我也不由得心生同情，于是就答应他了。

我正在更衣室换衣服呢，就接到麻醉医生打来的电话："手术是你来做吗？快过来看一下吧，患者宫口已经开全了。"

宫口开全了？交班的时候没说啊，我还以为就是个胎儿窘迫的手术呢，怎么突然就宫口开全了？于是我赶紧换好衣服，跑进手术室。

原来，这个患者和上次那个情况非常相似，都是活跃期产程停滞进行的人工破膜，然后发现羊水混浊。不过，这个患者很快出现了胎心减速，所以，夜班医生也没怎么等，马上就决定手术了，并且签好了手术同意书。没想到，这个患者破膜以后进展很快，手术室做好术前准备，正要打麻醉，她说自己想解大便了。手术室护士一查宫口，开全了！所以麻醉医生就打电话让我再做一次决定。

"你查看一下，如果决定手术，我马上打麻醉，就听你一句话了。"麻醉医生说。

又要做决定了！

我在众人的瞩目之下，查了宫口。确实已经开全了，而且，伴随着产妇的用力屏气，可以明显地感受到胎头向下的力量。我判断，虽然之前发生过产程停滞，而且目前胎头还偏高，但是头盆是相称的，产妇应该有阴道分娩的条件。

"怎么样，打不打麻醉？"麻醉医生追问了一句。

现在我面临两个选择：要么，继续按照夜班的决定，做完这台剖宫产。但是，现在的情况和当时决定手术时的情况已经有所改变了。决定手术的时候，正是产程停滞、胎心减速的时候，有很强的剖宫产指征；而现在，宫口已经开全了，再做手术，指征就没有之前那么强了。而且，宫口开全手术，患者术中宫颈损伤、大出血、术后感染的风险都要升高。要么，更改夜班的决定，取消手术，改为阴道分娩。以现在的情况，羊水混浊、胎心减速、宫口刚开全不久，要短时间结束分娩，只有产钳助产。而现在第二产程时间还比较短，没有经过充分扩张的会阴体，产钳助产的话，发生会阴撕裂的风险也要升高。更麻烦的是，之前手术的谈话签字都已经签好了，现在更改分娩方式，很容易让患者家属感觉医生一会儿要手术一会儿又要拉产钳，决定做得太草率，从而产生不信任感；如果再发生点儿并发症，甚至是我判断失误，产钳压根儿就拉不出来，那我就更麻烦了。

但是，产科医生决定一定要果断！

我更改了之前的分娩方式

“手术不做了，马上送回分娩室，产钳铺台，我去跟家属重新谈话！”既然产妇有阴道分娩的条件，就应该帮她实现这次机会。这一次，我决定自己来顶这个压力。

产妇被送回分娩室，我来到手术室门口找到了产妇的家属。

“刚查了一下宫口，现在已经开全了，应该有机会可以自己生了。”我向产妇老公交代病情。

“又可以自己生了？之前那个医生说生不出来，而且宝宝已经缺氧了，要赶紧手术啊。”果然，产妇的老公充满了疑惑。

“是的，之前产程是停滞了，而且发生了胎心减速，所以当时医生判断需要做手术。但是，在做了人工破膜之后，产程一下进展了，而且进展很快，现在已经宫口开全，又有机会生了。”因为时间紧迫，我也只能这么简单地向产妇老公解释了。

“那么宝宝的缺氧情况呢？”

“这个仍然存在，所以，虽然不做手术了，但也需要尽快地结束分娩。所以，我们建议马上进行产钳助产。”

“产钳？这又是什么？不是说可以自己生了吗，怎么又产钳了？”显然，作为一个产妇的家属，对于这些突如其来的信息，他感到有些不知所措。

“产钳就是两页钳子，像头盔一样罩在宝宝脑袋上，然后把他拉出来。这是现在可以最快速度结束分娩的方法了，而且技术已经相当成熟，我本人就是被产钳拉出来的。”我需要用最短的时间，先打消他对产钳的顾虑。虽然我也知道，作为医生不能老拿自己的经历来说事，但危急之中就顾不上了。

“哦，那有什么影响吗？”他心里显然还不踏实。

“对于产妇来说，可能会增加会阴严重撕裂的风险，甚至会损伤到肛门括约肌，影响大便。我们会尽量减少这种情况的发生的。”实在没有太多的时间解释，相关并发症也就只能说这些了。

看着我回答得也很紧迫，产妇老公就没有再继续问下去：“好吧，医生，拜托你了，谢谢！”

压力最大的一次产钳助产

本来，医生的各种医疗操作，应该向患者和家属详细介绍相关风险利弊，但是，在情况紧急的时候，又哪有那么充足的时间解释那么多呢？而家属在知情理解方面的欠缺，恰恰又会为日后的矛盾纠纷埋下隐患。现在，我已经顾不上这许多了，简单地签过字之后，我赶向分娩室。

这是我压力最大的一次产钳。我更改了之前的分娩方式，也没有充足的时间向产妇家属交代情况；而且，第二产程时间不长，胎头位置还有些偏高。但是，我相信，我可以拉得出来。

侧切、上钳、扣合。虽然感觉很重，但是如我所料，我还是能拉得动的。

终于，宝宝出来了，而且，哭声嘹亮!

然后不等胎盘娩出，我赶紧检查了会阴情况，没有裂伤。

“Perfect！”我抑制不住内心的激动，终于吼了出来。

“呵呵，不错不错。”在旁边围观的助产士也礼貌地表示了赞同，但是她们不知道，我此刻所承受的压力。

当我缝合结束，再次去产房门口向产妇老公介绍情况的时候，他突然后退一步，向我深深地鞠了一躬：“谢谢医生！”

这一刻，我感觉我所做的一切都是值得的!

后来，霍主任查房查到这个患者，看到医嘱单上取消手术的医嘱，对我说：“你取消手术，更改分娩方式了？”

“是的，我觉得应该还是有阴道分娩机会的。”

“嗯，压力不小吧？”霍主任没有抬头看我，还是继续浏览着病历，轻描淡写地问了一句。

“嘿嘿。”

突然她又像发现了什么：“胎头好像还比较高啊，胆子也大起来了嘛！”

“以前龙哥带我拉过一个类似的。”

“嗯，不错。”霍主任没有再说什么。

医生其实是个理性的赌徒

在决策论中有一个著名的埃尔斯伯格悖论，它表明人们是有“模糊厌恶”的。就是说，人们厌恶不确定性，在熟悉的和不熟悉的事情之间，人们更喜欢熟悉的那个。这种“模糊厌恶”，实际上就是人们对于未知的恐惧。

而对于医生来说，你不但不能“模糊厌恶”，你还要直面它、解决它，面对未知，给出你的决定。医生在医疗的过程中，不得不随时对未来做出预判。而对于产科医生来说，分娩时产程中的各种变化，更是难以预测。但是，作为产科医生，你却不能犹豫、不能纠结，因为当你在害怕犯错的矛盾心情中纠结时，错误其实已经悄悄降临了——你可能错失了时机！

虽然医学技术比过去有了很大发展，但是，即使是掌握了医学知识的医生，也没有办法准确地预知未来。医生的压力，很大程度上正是源于这种可怕的不确定性。

就好像和人打赌抛硬币，字朝上自己赢，花朝上对方赢。不管你掌握了怎样的技术，把握有多大，都不能完全保证哪一面朝上。这时候你在赌博时所承受的压力，是和你赌注大小相关的。比如说，如果赌注是100块钱，即使你什么技巧都没有，只有50%的把握，也敢毫无压力地去赌一把，大不了输100块钱嘛！

但是，如果赌注是100万呢？你不在硬币上做点儿手脚，把握性大一点儿，估计你是不敢下注的。

如果赌注是1000万呢？就算你在硬币上做过手脚了，只要没有十足的把握，赌的时候你还是会非常紧张，压力陡增。

现在，如果赌注是一条人命呢？

对于产科医生而言，如果赌注是两条人命呢？

在某些赌注面前，不管你把握有多大，只要不是100%，你都得承受巨大的压力。

尽管如此，产科医生在做决定的时候，也还是一定要果断，不能怕出错！

附录：相关医学知识索引

女性生殖基本知识

女性生殖系统解剖：月经来自偏远的子宫；这不是老公没瞄准的事儿

月经生理知识：月经其实是这么回事儿；关于月经的一些江湖传闻

人流手术相关知识：不懂避孕就上床，是要拿人流当避孕吗

避孕相关知识：妇产科医生教你如何避孕

宫外孕相关知识：宫外孕的症状很善于伪装

妇科炎症：阴道炎症恐怕就是洗出来的

孕期一般生活

饮食：孕期饮食的几个重要原则；食物的挑选方面，别为“忌口”瞎操心；孕期饮食的常见误区

用药：“感冒”可能比“感冒药”更危险

性生活：孕妇的性事

早孕期相关知识

妊娠生理知识：怀孕的“高考分数线”

早孕反应：孕早期反应不重就没关系，能吃就行

流产：关于流产这件事儿

中孕期相关知识

唐氏筛查：筛查完了怎么办

妊娠期糖尿病筛查：孕妇请客吃甘蔗啦

晚孕期相关知识

预产期推算：产科医生经常提到的两个词——孕周和预产期

早产：早产不是你想保，想保就能保

胎儿附属物：羊水能载舟，亦能覆舟

妊娠期并发症

妊娠期糖尿病：妊娠期糖尿病首先要重视它

妊娠期高血压疾病：妊娠期高血压疾病，终止妊娠是唯一有效的方法

妊娠期急性脂肪肝：脂肪肝加上“急性”两个字就恐怖了很多

胎儿窘迫：监测胎动比家用胎心仪管用多了；虽然很犹豫，我还是让出了手术台

分娩生理知识

分娩期并发症

产后保健

后记

上中学的时候，我爸一直都希望我能学医，做个医生。但都被我明确拒绝了，第一，我不感兴趣，我喜欢数学、物理这些基础科学；第二，医学要动刀见血，太恶心太可怕，我干不了。

高三那个冬天，我妈被查出来得了胃癌。手术前一天，我妈坐在我身边搂着我，告诉我她明天要去开刀了，然后像留遗言一样和我说了很多话。她说本来很紧张的，都说出来了，就不怕了，明天就去开刀！

那天晚上，我觉得恐惧极了，睡不着觉，躲在被子里哭，哭着哭着睡着了，醒了再哭——我真的害怕失去妈妈。

直到我妈做完手术，我才发现，原来我对她得的病、她要面临的各种情况、我该做些什么，都一无所知。于是我和一哥们儿跑到书店里，打算买点儿相关的书看看，我妈到底出了什么问题，我到底能做些什么？

结果很遗憾，书店里的书，那些有可能帮我解决问题的书，都太专业了，我和我的哥们儿根本看不懂！

就在那一刻，我决定了，将来我得学医，我妈要有人照顾，要有能看懂那些书的人照顾，所以我得学医。所以，我选择做医生，是很突然的，而且完全没有悬壶济世、救死扶伤这样崇高的目的。

后来，因为阴差阳错、机缘巧合，本来想做肿瘤科医生的我，最终做了妇产科医生。在工作中，遇到过太多的患者，她们像学医前的我一样，对一般的医学常识不了解，或者有些根深蒂固的错误观念，非常不利于医患沟通。所以，2011 年，我开始在知乎网上做与医学相关的科普回答，希望能通过我的回答，让更多的人了解一些医学常识。

因为医学的专业性太强了，从而使医患间的信息严重不对等，人们得了病都不希望被忽悠。所以说，大众对于这种医学科普工作的需求度还是很高的。但是，很多医生怕的是，非医学专业的人，看了一些科普的东西，就自以为是，从而不愿意接受医生的指导，降低了依从性，反而不利于医患沟通。我觉得这要从两个方面来说。

一方面，在医学科普书里，应该反复强调医学的局限性，接受专业医生指导和建立良好医患信任的重要性。应该让读者明白，如果真的得了病，不是说通过看一两本医学科普书就可以自医的，即使是医生得了病，也是要去医院找专科医生就诊。而且医学是在不断发展的，很多地方充满了争议，不能因为一两本科普书上的说法而降低对专业医生建议的依从性。

另一方面，好的医学科普书也是有助于医生加强自己的专科业务修养的。有些地方可能是因为医生本身专业知识的不扎实，自己就没弄清楚，如果患者不了解，真的是忽悠两句就过去了；但是如果患者有了初步的认识，确实就不那么容易被忽悠了，这有助于医疗质量的提高。

所以，当有编辑联系我，让我写一写和孕产相关的事情，讲一讲孕妇遇到情况自己应该怎么处理的时候，我就答应了下来。但是，需要强调的是，孕期遇到情况，对于非专业人士来讲，不要自己想当然去处理，能去医院就去医院。和从科普书上看来的一知半解相比，专业妇产科医生的帮助更靠谱。所以，我在书中刻意不介绍相关疾病的治疗和处理，或者只是简单带过，因为那都是医生的工作；而重点强调一些比较重要，但又可能会被忽视的临床表现——对于孕妇来说，知道自己可以做什么，比企图代替医生做什么更重要。就好像本书中提到的关于胎儿宫内监护，孕妇不必学会怎么看胎心监护图，甚至不建议孕妇自己在家听胎心。但是，你得知道要注意胎动变化，自己是可以通过关注胎动变化来自我监护的。

科普书的写作，我觉得重点在“普及”，像我高中时候去书店翻看的那些专业书籍，科学是科学，但是我看不下去，更看不懂，那么这些书对于普通大众来说就没什么用处。所以，我得保证本书能让没有医学基础的人看得下去。而给孕产妇看的书，又和普通的科普书籍不一样，因为作为女性读者，孕产妇们又有些小特殊。

我老婆告诉我，女人的问题可能不一定就是为了最后的解决办法，就好像她们逛街不一定就是为了最终买到衣服一样，她们只是在享受逛的过程，可能随时会被什么东西吸引着改变了注意力。所以，如果你把男人逛超市的路线画出来，会发现那是一条直线，他们到了超市是直奔目标；而女人的路线则是一团乱麻，她们在到处逛。怀了孕也一样，小姐妹们就一个问题讨论，各自说出自己的经历，给出自己的建议，谈着谈着可能就会跑题，可能最终也没解决问题，但是，谈的过程会很爽！另外，人怀了孕以后会犯懒，懒得动脑筋想东西，所以你的书不能看着太累。

于是，就有了摆在你面前的这本书。书里关于医学知识的科普可能不是那么系统全面，孕产知识也没有面面俱到，更多的可能是工作中遇到的一些病例，是些故事。这些故事，除了人名是化名，事情可都是现实中真实发生过的。希望在读这些故事的过程中，您可以体会到和小姐妹们讨论时的畅快感，希望我真的可以像在序言中说的那样，扮演好“她们”的角色。

希望您会喜欢！

图书在版编目（CIP）数据

妇产科男医生告诉你 / 田吉顺著 . — 南昌：江西科学技术出版社，2014.9
ISBN 978-7-5390-5181-9

Ⅰ . ①妇… Ⅱ . ①田… Ⅲ . ①妊娠期－妇幼保健－通俗读物 Ⅳ . ① R715.3-49

中国版本图书馆 CIP 数据核字 (2014) 第 201037 号

选题序号：ZK2014022
图书代码：D14135-101

妇产科男医生告诉你　　田吉顺　著

特约监制：赵　菁
产品经理：赵美蓉
特约编辑：王　叶
责任编辑：张　蕙
封面设计：嫁衣工舍
出版发行：江西科学技术出版社
地　　址：南昌市蓼洲街 2 号附 1 号
邮　　编：330009
电　　话：0791-86623491
传　　真：0791-86639342
邮　　购：0791-86622945　86623491
经　　销：各地新华书店
印　　刷：廊坊市兰新雅彩印有限公司
印　　张：18.5
字　　数：202 千字
版　　次：2014 年 10 月第 1 版　2014 年 10 月第 1 次印刷
开　　本：710mm×1000mm 1/16 开
定　　价：39.80 元

如发现图书质量问题，可联系调换。质量投诉电话：010-82069336
赣版权登字 -03-2014-244